校长的创造力

记一所乡村老校的创意蜕变

张茂良　著

SPM 南方传媒

全国优秀出版社
全国百佳图书出版单位

广东教育出版社

·广　州·

图书在版编目（CIP）数据

校长的创造力 ：记一所乡村老校的创意蜕变 / 张茂
良著. -- 广州 ：广东教育出版社, 2024. 10. -- ISBN 978-7
-5548-6075-5

Ⅰ. G471. 2

中国国家版本馆CIP数据核字第2024WB4657号

校长的创造力——记一所乡村老校的创意蜕变

XIAOZHANG DE CHUANGZAOLI——JI YISUO XIANGCUN LAOXIAO DE CHUANGYI TUIBIAN

出 版 人：朱文清

责任编辑：姚　勇

责任校对：冯思婧

责任技编：杨启承

装帧设计：喻悠然

出版发行：广东教育出版社

　　　　　（广州市环市东路472号12—15楼　邮政编码：510075）

销售热线：020-87615809

网　　址：http://www.gjs.cn

邮　　箱：gjs-quality@nfcb.com.cn

经　　销：广东新华发行集团股份有限公司

印　　刷：广州市岭美文化科技有限公司

　　　　　（广州市荔湾区花地大道南海南工商贸易区A幢）

规　　格：890 mm×1240 mm　1/32

印　　张：6.625

字　　数：133千

版　　次：2024年10月第1版

　　　　　2024年10月第1次印刷

定　　价：58.00元

前　言

当校长的创新成为一种习惯，一所乡村老校便迎来创意蜕变

2020年7月，我加入东莞市茶山镇第二小学（以下简称"茶山二小"）担任校长。到岗之前，我了解到这是一所拥有20多年办学历史的乡村老校；来到这里才发现，学校还有很多不尽如人意的地方。例如，第一次召开全体教师会议时才发现，学校竟然没有一个相对较大的会议室，教师们不得不挤在狭窄的会议室里。如果要面向外部召开更多人参与的会议，更是找不到理想的场地。整个校园呈现的是典型的乡村老校的样子：占地面积很大，场所很多，但是场地陈旧，功能不完善，更多的是荒废的场室。

学校在18年前是按照广东省一级学校的标准建设的，占地面积达50000平方米，但除了36间教室和部分功能场室，没有其他多余的场室。我接手时，学校有36个教学班，1600多名学生，没有什么办学特色。走进学校不仅看不到学校的办学优势，还面临着很多需要解决的问题：教室里的课桌椅非常破旧，还在使用投影效果不清晰的老式投影仪，教师们的办公空间缺乏合理规划，学校的办学成绩在茶山镇公办小学中排名垫底……整个学校完全处于一种相对落后的乡村老校状态。

想要让学校有所改善，必须拿出一套整体改革方案。我开始思考如何改造这所乡村老校，让它重新焕发生机。将茶山二小改造成一所现代化的高品质学校，我深知这是我在这里担任校长的职责和使命。

那么，如何改造条件落后且办学效果不尽如人意的乡村老校呢？我想起了自己的过往经历，希望能从中汲取经验和智慧。担任东莞外国语学校小学部初创负责人时，小学部的所有顶层设计都是我亲自规划落地的。经过三年的努力，东莞外国语学校成为一所优质品牌学校。社会对学校的关注度非常高，学校的社会口碑也非常好，适龄孩子的父母都希望能将自己的孩子送到东莞外国语学校读书。在东莞市万江街道担任万江第二小学的创校校长时，我带领筹备小组在一块 30000 多平方米的空地上建造了一所环境优美、功能齐全、设施先进的现代化学校。现在来到茶山二小担任校长，我的使命就是带领团队将这所落后的乡村老校改造成现代化的学校，进一步推动学校高质量发展。

面对种种现实困境，该如何让这所乡村老校脱胎换骨转变成老百姓家门口的好学校呢？我决定运用创造性思维来解决学校提质进程中遇到的诸多问题。于是，我带领团队对学校进行了一系列创造性改造，历时三年，成功将茶山二小改造成具有现代化特色的学校。

在这个过程中，校长的创造力发挥了极为重要的作用。

第一，校长需要发挥规划学校发展的创造力。要想实现乡村老校向现代化学校的蜕变，必须创造性地解决影响发展的一系列问题，如校门口的交通拥堵问题、学生的午餐午休问题、校内场地规划问题、学校以评价带动高质量发展的问题以及推动全校性特色活动的问题等。这些问题都需要校长运用规划学校发展的创造性思维来解决，破旧立新，进行顶层设计。

第二，校长需要发挥营造育人文化的创造力。校长需要广泛调研、精准把脉，了解影响学校发展的瓶颈所在。如何营造文化，通过文化带动学校高质量发展？校长应围绕特色校园文化建设，打造适合学生发展的浓厚育人文化校园环境，形成浓厚的育人文化，影响全体师生，实现学校智育的价值提升和高质量发展。

第三，校长需要发挥领导课程教学的创造力。校长要关注学校的课程建设与教学过程，引领教师运用创造性思维推出特色课程，满足学生的个性化发展需求，也要利用现代化信息技术赋能教学，减轻教师的工作负担。通过变革课堂教学的新样态，搭建学生成长的平台，培养学生的学习能力。

第四，校长需要发挥引领教师成长的创造力。一所学校的发展离不开教师的成长，校长需要发挥创造性思维引领教师发展，通过教师发展筑牢学校发展堡垒，进而将学校做大做强。因此，校长需要推动对骨干教师的培养，解决师资配备问题，营造教师的幸福感，推动教师智慧共享，以此来调动教师的积极性，从而打造一所通过团队活性来筑牢堡垒的学校，以创造性思维和见解做强学校、办好学校。

第五，校长需要发挥优化内部管理的创造力。要提升内部管理，必须创造性地解决管理过程中的一些困扰或阻碍学校发展的系统性问题。因此，校长需要运用创造性思维来推动空间管理、工作管理、群体管理、信息化管理、岗位管理和特色管理。通过优化管理的创造性思维，实现校长的创想、优化学校的发展，从而带动学校高质量发展，推动学校向优质学校发展。

第六，校长需要发挥调试外部环境的创造力。外部环境对学校的发展具有制约作用。校长要创造性地调试外部环境，实现学校功能齐全、场所先进的同时，积极寻求与校外企业合作，共同打造宜人的校园环境，协调学校与外部的人力资源，减少外部环境对学校产生的困扰。以这些创造性思维砥砺前行，以校长的创造性举措不断进取，使外部环境成为学校高质量发展的重要助力。

正是在这些创造性思维的带动下，我从六大板块切入，对学校进行脱胎换骨的改造，使学校在短短三年内从落后的乡村老校发展成现代化的学校，变成了一所环境优美、设施完善、师资力量雄厚的学校。学校还一举拿下了许多省市级的重点荣誉，成为东莞市的品牌课堂实验学校、东莞市首批科普教育示范学校、东莞市劳动教育特色学校、东莞市信息化建设示范学校、广东省科创特色学校、广东省教育评价改革实验学校等。学校不仅受到了周边兄弟学校及上级主管部门的高度赞许，更吸引了广东省教育厅的特别关注，甚至教育部也来学校开展调研工作。为进一步提升教育品质，学校还成立了东莞市教育家型校长工作站、东莞市名校长工作室以及广东省名师工作室，打造了优秀的教学团队。这些举措不仅优化了学校的整体运营，更在全面改善办学条件的基础上，形成了特色办学思想——童创教育。我们以此为核心，构建了一系列以童创教育为顶层设计的办学体系，形成了鲜明的童创教育品牌特色。

学校的办学成果已荣登中小学信息技术教育杂志封面，得到了业界的广泛认可和高度赞许。学校每学期都会迎来大量前来参观交流的校长团队、教育管理团队以及其他教育专家团队。学校的办学品质越来越得到家长和社会的认可，办学成绩逐年上升，学校的影响力不断扩大。

茶山二小的三年创意蜕变，源于校长的创造力，源于校长发挥创造力带领团队攻坚克难、突破瓶颈、夯实基础、筑牢堡垒、踔厉奋发、砥砺前行。校长的创造力在这所乡村老校的改造中起到了至关重要的作用。只有校长具有创造力，才能解决制约学校发展的困难和瓶颈，才能有效推动老校快速发展，才能通过顶层设计推动学校的创意蜕变实现高质量发展，办成老百姓家门口的好学校。

当校长的创新成为一种习惯，即便是乡村老校也会迎来创意蜕变，转型为现代化的高品质学校。

目 录

校长的创造力——记一所乡村老校的创意蜕变

第一章
校长规划学校发展的创造力

　　校长发挥创造力，诊断学校发展困境，及时发现并研究分析学校发展面临的主要问题，攻坚克难，创新立校。

一、以租代征，创造性解决校门交通的拥堵难题

穷则变，变则通，通则久。

——《周易·系辞下传》

······

面对长期存在的校门口交通拥堵难题，我采用创造性思维，通过租赁村民宅基地的方式，成功打通了学校后门的道路，缓解了前门的交通压力，消除了交通隐患。这一成功案例展示了创造性思维在解决问题中的重要作用，为学校发展带来了溢出效应，使学校得以举办大型活动，扩大知名度和影响力。

（一）在现实和理想中，解决"交通痼疾"的出路在哪里

2020 年 7 月 1 日，我来到茶山二小的第一天就发现这所学校急需整改——这样一所办学历史悠久且曾经被誉为"广东省书香校园"的学校，竟然没有亮眼的业绩，甚至在茶山镇的公办小学中排名倒数第一。这一现象引发了我的思考，我决定进行一次彻底的调研。

经过深入调研后，我发现了制约学校发展的一个大问题——交通拥堵。校门外是一个"U"字形的狭窄街道，家长接送学生时车辆进不来，即使进得来也出不去。交通的不便直接导致家长们怨声载道，也由此诱发了学校近些年招生工作出现下滑的情况。

我曾听教管中心的同事说，如果要去茶山二小，必须在上午

11点前或者下午4点前离开，否则就会在学校门口被堵死，进不去也出不来，一直延续几个小时，耽误行程，浪费时间，所以很多活动不敢在茶山二小举办。

我很奇怪，明明路通了就能按下发展的"快进键"，为什么这个问题一直没有解决？

进一步的调研结果告诉我，实际上茶山二小宿舍楼侧边还留有一个门，那个门虽然已经修建十几年了，但一直处于荒废的状态，没有使用过，原因有两个：一是门外没有路，二是门外土地所有权不属于学校。村委、上级领导以及前几任校长都非常关心茶山二小的交通问题，一直在为解决"有门没路"这个问题而努力，但无奈各方的积极努力没有战胜这个问题所存在的阻力，所以也只好作罢。

（二）在购买和置换中，"以租代征"成破局点

我来到茶山二小，就是要为学校解决这些卡脖子的问题。我开始逐一拜访村民，耐心倾听他们的诉求。

村民们明确告诉我，即使学校或政府有强烈的收购意愿，他们也不会卖，因为这块地是宅基地。曾经有村民提出可以拿临近路边且大小一样的土地来置换。随后，我走访了村委领导，他们表示没有合适的地块可供置换。这个问题已经困扰他们十几年，一直都未能妥善解决。

乔布斯曾经说过"Think different"，意思是"不一样的思考需要换一种维度"。我明白要想改变现状，就应该换一种思维方式。

既然购买不成，置换也不成，那能不能采用租赁的方式呢？

于是我尝试与村民沟通。为了让谈判顺利进行，首先要打消村民的顾虑，保证他们的核心利益不受损害。我告诉他们："这块地永远属于你们。我可以去政府那里申请绘制蓝图，盖上学校和政府的公章，保证这块地一直属于你们，我们不会要你们的地。"

村民并非一开始就接受我的建议，十分犹豫到底要不要把地租给学校。可是好不容易有了一种切实可行的问题解决方案，我不愿就此作罢。同理心是构建协商交流的最好桥梁。于是，我站在村民的角度帮其分析："那块地一直以来几乎没有什么收入，地上就种了几棵树，收成也不多，还要耗费时间去打理，得不偿失。但是如果能把它租给学校就另当别论了，就能创造收益，总比一直荒废着好。"

见村民的态度发生了些许变化，我知道事情出现了转机，于是赶紧同村民商谈租赁的价格。一开始村民提的要求比较高，希望和其他用途租借地的价格相同。事实上，这是很难实现的。但我没有急于回绝，我开始动之以情晓之以理："学校租用这块地的初心是缓解学校周边的交通压力，方便家长接送小孩上学放学，并非用这块地来谋取经济利益。这本身是一件利民的民生事。能不能再考虑考虑呢？"

后来经过多次协商，最终在学校能承担的范围内，敲定了方案。学校以每月 500 元的价格租下了校门口这块 300 平方米左右的宅基地。于是我立即报请茶山镇党委政府，对租用地进行硬体化，为学校后门打通一条新路。

《道德经》里有一句话："道生一，一生二，二生三，三生万物。"我顺势又租了另外两块地。不仅路通了，我还利用新租的两块地为开车接送学生的家长创造了中转地。

（三）在追求和践行中，"创新思维"呈现溢出效应

任职的第一个月，在现实和理想不断冲击的矛盾中，我实现了在新学校的第一个追求。学校后门的路被打通了，后门不再形同虚设，这有效缓解了学校前门的交通压力，同时也实现了人车分流的效果，这很大程度消除了过去让人担惊受怕的交通隐患。困扰学校的"交通痼疾"终被"治愈"。眼见的变化，方便的体验，广泛的赞誉，我内心的成就感油然而生。

人们在遇到问题的时候，往往会以惯性思维来解决。这是一种直线性思维模式。

遇到问题 $\Longrightarrow$ 解决方案

直线性思维模式

从后门的开通过程来看，我从直线性思维的固化模式跳了出来，采用了创造性思维模式来解决问题，在具体分析问题的基础上，探索发现新的维度，从而寻找能有效解决问题的方法和路径并加以实施。

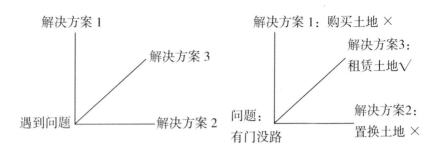

创造性思维模式

交通的改善为学校的发展带来了溢出效应。此前因为交通拥堵，茶山二小几乎没有举办过大型活动。后门的路一通、门一开，学校的发展路径豁然开朗，举办活动不再受交通的制约。学校成功组织并举办了茶山镇首届中小学科学探究与实践大赛，诚邀茶山镇其他学校的教师和学生参加。同时，学校也开始积极承担市级教研活动，以此为契机让外界走进茶山二小、参观茶山二小、了解茶山二小，从而扩大茶山二小的知名度和影响力。

回到篇首的问题——在现实和理想中，解决"交通痼疾"的出路在哪里？答案是在创造性思维模式下寻求破局点。这就是茶山二小践行创造性思维解决问题的第一个成功案例。

二、筑巢引凤，创造性实现师生在校就餐的期望

> 王者以民人为天，而民人以食为天。
>
> ——司马迁《史记·郦生陆贾列传》

为了解决师生的吃饭问题，我创造性地新建了学校饭堂。首先，通过空间改造，腾出了一个符合卫生标准的厨房空间。然后，通过招标方式让第三方公司自带厨具来经营教职员工和学生在校就餐的业务。最后，为有需要的学生提供早餐和午餐。此举得到了师生的广泛好评和家长的赞誉。筑巢引凤，这一创造性的解决方案，为学校创造了独特的价值。

（一）没有饭堂的乡村老校

刚来到茶山二小，我最不习惯的就是学校里没有饭堂，到学校的第一个月，我每天只能点外卖吃盒饭。近 20 年了，学校就请了一个临时厨师，购买了一个煤气灶，在教师宿舍楼一个简陋的空间里，简单地做点吃的。我特意查看了厨房，发现烹饪的条件很差，设施设备很落后，卫生根本无法得到保障，而且因为人员不足，所以午餐菜式单一，吃饭排队等候的时间太长。

正所谓："饮食得宜，延年益寿；饮食失当，致病折寿。"暂不论是否吃得可口，起码先要吃得心安。

学校没有饭堂怎么行？于是我下定决心，一定要解决全校师生的在校就餐问题。

通过调研学校场地情况，我发现教师宿舍的一楼空间很大，完全可以搭建一个相对标准的厨房。学校之前将一楼的一些空间当作杂物间，摆放了许多十几年前遗留下的废旧物品。我与行政人员讨论后认为，可以创造性地处理这些废旧物品，腾出一个能够满足全校师生在校就餐的厨房加工区域，在一楼原有空间结构上建一个符合卫生标准的能供应全校师生吃饭的饭堂。

这一年，恰好上级下拨了近 8 万元的款项用于修缮学校。有了这笔资金，就可以实现空间改造。学校请了一家设计公司，通过整理改造，为厨房划分了洗菜间、切菜间、肉类加工间、烹饪间、配餐间、清洗间等区域。不到一个月的时间，标准规范的学校饭堂厨房空间就呈现在大家眼前。

（二）自带厨具的饭堂招标

有了厨房空间，接下来要考虑的就是为全体师生提供餐食。

采购厨具设备大约需要 50 万元，学校暂时无法承担这笔费用。这个问题的解决需要一次创造性的思考。我提出，可否通过公开招标让具备实力的第三方公司自带厨具来经营师生在校就餐的业务。经过讨论，大家一致认为此法可行。

学校对外发布招标公告后，确实有许多公司闻讯而来，希望与学校合作。但一听说需要自带厨具，很多公司认为无利可图纷纷打起退堂鼓。毕竟前期就要投入约 50 万元的厨具费用，在利润空间不明的情况下，这确实是一笔不小的投资。然而，学校又急需一个具备实力且不过分计较利润的公司来承接这项业务。怎么办呢？

毛泽东说过："集中力量解决主要矛盾。"应标情况不理想的根本原因很明确——前来投标的公司看重的都是短期效益。既然如此，学校就要让他们看到进驻后未来可持续发展的空间，这样才能打动餐饮公司进驻学校。

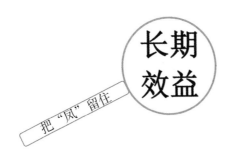

创造性思维：放大长期效益

于是，我们认真总结了前期应标情况不理想的原因。在后续的情况说明中，"需要公司自带厨具"的前提保持不变，同时特别说明：学校计划建一栋新的午休大楼，届时会配备先进完善的厨房，只不过在目前的过渡阶段，我们需要先引进一家餐饮公司来承接饭堂的相关业务以解决师生就餐问题。后续，学校还将为就餐人数超2000 人的大型厨房招标。经过广泛宣传，有多家餐饮公司投标。这些公司纷纷竞标，就是受后续午休大楼建成后长期效益的驱动。

（三）需求导向的崭新"凤巢"

2020年8月31日，新饭堂终于开张了。美食能抚慰人心，饭堂能铸就幸福。当我们为全校教师提供了就餐服务后，学校里的一日三餐变得有滋有味，教师的广泛好评中无不透着满足的幸福感。

从这一年的9月1日开始，学校正式为有就餐需求的学生提供早餐和午餐服务。科学的搭配、均衡的营养、飘香的饭菜，都在学生的笑脸上和家长的赞誉中体现得淋漓尽致。

"一粥一饭，当思来处不易；半丝半缕，恒念物力维艰。"在需求导向下，"筑巢"不易，"引凤"维艰，崭新"凤巢"的创造性落成赋予了这句话专属茶山二小的独特内涵。

三、盘活场室，创造性实现学生在校平躺式午休

圣人常善救人，故无弃人；常善救物，故无弃物。

——老子《道德经》

为了满足学生在校午休的需求，我尝试了多种方法，最终通过整合和盘活学校空间，创造性腾出 10 间教室供学生午休。学校还采购了空调和午休床，为学生创造良好的午休条件。这一改变得到了家长的极大认可。我认为，满足学生在校午休的需求，学校责无旁贷。通过创造性解决问题，为学生提供舒适的午休环境，有助于提高学生的学习效率、促进其身心健康发展。

（一）九月"躺平"没躺成

学生在学校里就餐的问题已经解决，接下来要解决的就是学生在校平躺式午休的问题了。在我进入茶山二小担任校长之前，学生不在学校午餐午休。家长要么中午自己接孩子回家，要么就委托给校外午托机构。家长对于让学校为学生提供午餐和午休的需求日益突出。特别是疫情期间，出于疫情防控需要，很多校外机构要暂停服务。无奈之下，家长只能把午餐和午休的希望寄托给学校。

9 月份，我们尝试了很多办法让学生在学校午休。例如，将教室里的桌椅往两边拉开，学生从家里带上瑜伽垫在教室铺开。但经

过几天的尝试，问题频现，天气太热，没有空调，光线又强，学生根本睡不着，生活老师的管理压力很大，这种午休方式并不理想。

后来，我们又尝试让学生到体育馆里午休。原本以为体育馆空间大会相对凉爽一些，事实上尽管体育馆的风扇和门窗全都打开，无奈9月份的南方仍然炎热，加上人多声音嘈杂，学生更加无法入睡。由此，9月的两次"躺平革命"都没成功。

（二）十月"躺平"变可能

于是，我召集行政团队商议如何解决学生在校午休的难题。和前面"筑巢引凤"的思路一样，解决场地问题是首要任务。我组织老师开始盘点学校的可用空间，随后发现学校的场室可以通过以下两种思路进行整理。

第一种思路——整合：将部分相关联的场所合并使用。教师的办公室分布在各个楼层且数量较多，每个办公室只能容纳一个备课组。如果以年级为单位，将教师统一安排到一个场室办公，就可以腾出多间教师办公室；此外，也可以通过整合将整个行政服务团队聚在一起以节省空间；学校的广播室只放了一张桌子，如果将广播室与少先队室整合在一起，又可以腾出一些空间；学校的档案室只存放了少量的档案，却也占用了一个房间；有些会议室使用频率非常低；还有阅览空间和图书藏书室利用率也不高，如果能够进行整合和优化，这些场室将能更好地发挥作用。

第二种思路——盘活：将一些已经不再使用的场地利用起来。

学校的许多功能室存在占用空间却没有发挥作用的情况：如软件制作室和课件制作室，这些是以前省一级学校评估验收的硬件要求，如今已经很少使用甚至不再使用；还有电子阅览室，里面的电脑早已报废，学生已经很久没有进去了。对于这类场室，我们需要对它们进行盘活。此外，还应当整理堆放的杂物，特别是年代久远的陈旧物品，如果已经没有了使用功能，就应该申请报废。

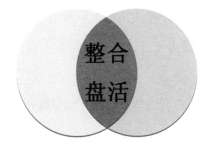

创造性思维：整合盘活创造"第三空间"

在我加入学校的第三个月，我们腾出了10间教室，这些教室可容纳几百名学生午休。接着，我们面向全校学生发布在校午休申请的公告。经过学生自主申请，第一期有超过一百名学生报名留校午休。学校设法采购了一批二手空调，为学生创造良好的午休条件，实现了低成本办大事。

万事俱备只欠东风，学校还缺少午休床，该如何创造性地解决？我召开行政会议进行讨论并形成统一意见——购买午休床。因为学校接下来要进行扩容提质工程，新的午休大楼建成后将会为2700名学生配备独立的午休床。于是我们向政府申请提前配备一些午休床供学生使用。待学校的午休大楼建成后，再将这些床搬过去继续使用，一来不会造成资源浪费，二来还可以改善学生现有的午休条件。这个方案很快得到了政府的支持。随即，我们采购了近千张午休床，让报名的学生在有空调、有床位的午休室里安心"躺平"，舒适午休。这一改变得到了家长的极大认可。

（三）盘活空间成就关爱工程

让学生在学校实现平躺式午休是一项温情关爱工程。优质的午休可以使学生下午精力充沛，进而提高学习效率，促进身心健康发展。

通过整合空间、盘活场室，做到"室尽其用"，为学生提供舒适的午休环境，这是我在创造性解决问题的思维指导下成功落实的第三件事情。这也为午休大楼落成后的学生午休管理工作奠定了良好的基础。如今，学校的办学条件越来越完善，家长对学校的认可度也越来越高，几乎所有的学生都选择在学校午餐和午休。午休自由平躺在茶山二小已然实现。

四、草地革命，创造性打造校内超大型劳动基地

足蒸暑土气，背灼炎天光，力尽不知热，但惜夏日长。

——白居易《观刈麦》

2022 年，教育部颁布《义务教育课程方案》，劳动成为一门独立的课程。为了让学生在校内开展劳动实践，我组织老师将学校棕榈树园里的水泥地面全部去掉，创造性地打造了校内超大型劳动基地。劳动基地的开辟是"草地革命"的第一步，这是学生劳动实践体验的硬件保证。

（一）"草地革命"之开辟基地

马克思主义认为，劳动是人类生存和发展的基础，也是人类社会发展的动力。当前国家正在大力推动劳动教育的发展，这是时代对教育的新呼唤和新要求。

茶山二小占地面积达 50000 平方米，校园空间很大，理论上是有足够的地方供学生进行劳动实践的，但过去并没有开辟相应的场地。想要让学生在校内开展劳动实践，就需要开辟一个场地，打造成校内劳动基地。为此，我认真观察了校园环境，发现在教学楼的西边有一大片棕榈树林。这片树林里种植了许多高大的棕榈树，这些棕榈树的价值实际上并不大。棕榈树长得特别高，叶片又大又重，

掉下来很容易砸伤人，这其实是个安全隐患。

如果要为学生创造劳动实践条件开辟校内劳动基地，我的方案就是活用这片棕榈树林地。为此，我想了很多办法，首先是整理棕榈树底下的草地，尝试让学生在草地上开展种植活动。但马上就遇到一个问题：棕榈树根系非常发达，用锄头锄下去，泥土里密密麻麻全是棕榈树的根系，要想在草地上开展种植活动非常困难。第一次尝试失败了。

在这种情况下，我提出了第二个办法：根除棕榈树，还原一片空地。于是，学校请施工队利用铲车和挖机根除高大的棕榈树。结果又出现了问题：这里的土地已经非常贫瘠。我们只能从外部引入营养土，以保证土壤适合植物生长。

原来的棕榈树园有大量水泥地，如果不重新规划，会浪费很多空间。茶山二小共有 36 个班，目前的场地无法满足种植地分配到每个班级。于是我大胆地设想，处理掉棕榈树园里所有的水泥地面，重新规划出一个大型校内劳动基地。恰好学校正在进行扩容提质工程，于是我们直接对整个棕榈树园进行了改造，规划了一个占地 5000 平方米的大型劳动基地，并给每个班分配一块 100 平方米左右的土地，进而实现班班有基地、人人都劳动。

（二）"草地革命"之引流浇灌

劳动基地的成功开辟是一件令人兴奋的事情。然而，问题依旧接二连三。这么大的一块劳动基地，需要大量的水来浇灌，否则植物很难生长。如果用自来水进行浇灌，用水量会很大，水费会很高。如何解决劳动基地的用水问题，成为摆在我们面前的又一个难题。费尽心思将这么大一块地整理出来，如果不解决用水问题，这块地终会成为学校的负担。怎么办？

于是我提出，将每个卫生间门口洗手盆的水集中引流到劳动基地，经过生物净化将水集中到一个水池里，这样就可以用来浇灌劳动基地里的植物。这个想法一提出就得到了行政团队的一致赞同。

创造性思维：二次水利用

我们开始对学校所有洗手盆的水进行联网式排放，确保所有从洗手盆流出的水都聚集到劳动基地的过滤器里。过滤后的水会流入劳动基地中间的圆形储水池。这个水池的面积较大，水位却不深，即使有学生不小心踩进去，也不会发生意外。接着，我们在水池里种上睡莲，并投放了一些鱼苗，这样，一个小型的生态系统就形成了。

如何将水池里的水引入每一块地进行浇灌？我提出可以使用手压摇水泵，这一工具简便实用，能大大提高学生的劳动效率。将水池中的水引流到各个劳动板块，这样每一块地都能共享到经过净化的洗手盆水。这个做法为学校节省了大量的经费，同时又保证了劳动基地的用水需求。每天从洗手盆收集的水，足足有一水池，甚至还会溢出。这说明利用校园洗手盆的水来供应劳动基地的用水是完全可行的。通过过滤净化，实现废水的二次利用，一举多得。

（三）"草地革命"之劳动新篇

在学校的劳动基地，每天都能看到学生参与劳动实践的辛勤身影，这个场景非常震撼。学生在劳动基地里快乐地劳动，种植一些自己喜欢的植物，丰收的喜悦洋溢在每个孩子的脸上。采摘自己亲手种下的向日葵，逢人就分享劳动成果，这种通过自己的努力劳动获得的劳动果实，让学生倍感骄傲。

校内劳动基地为茶山二小的劳动教育增添了一大特色，为学生提供了在校内进行劳动实践的活动场地，同时也培养了学生自己动手丰衣足食的劳动观念，使劳动创造价值的观念深深地种在每个学生的心中。

这是一次伟大的"草地革命"，也是落实国家倡导的小学要开展劳动教育的优秀案例。我们的做法吸引了很多学校前来参观交流，大家对利用校内空间大面积开展种植劳动的做法非常认可，也对学校创造性地解决劳动场地以及劳动用水的做法表示赞许。

劳动教育已成为茶山二小的一大办学特色，得到了社会各界的广泛认可和赞誉。学校也成功申报成为东莞市的劳动特色基地。在5000平方米的劳动基地里，学生种植了岭南花卉、岭南中草药、岭南水果以及岭南茶叶等种类繁多的植物。上科学课时，教师也经常带领学生在劳动基地里开展各种体验活动。每个班每周都有一节劳动课，所有学生都能在自己班的劳动基地里进行劳动。

茶山二小的劳动基地为学生创造了许多课程资源，提供了实践体验的平台，助力学生培养劳动意识，提高学生的实践能力和创造能力。学校的劳动教育为学生形成正确的价值观和社会责任感发挥着重要的作用。可见，劳动基地的开辟，已然为学校的劳动教育打开了全新的篇章。

五、过程评价，创造性撬动学校发展的更高品质

千淘万漉虽辛苦，吹尽狂沙始到金。

——刘禹锡《浪淘沙》

目前，国家正在大力推动教育评价改革。为了充分发挥评价的导向作用，促进学校发展，培养出优秀的学生和师资团队，我创造性地提出了人工智能辅助过程性评价的评价体系，通过完整的链条式评价，呈现学生和教师在整个学期内的过程性努力，从而更真实、更客观、更科学地反映教师和学生的真实情况。此外，人工智能过程性评价还可以用于学生行为习惯的养成评价，以及教师与家长的沟通工作中。通过人工智能过程性评价，可以及时发现并解决问题，更高效且更有针对性地引导学生树立正确的价值观，协助学生个性化成长。该评价体系遵循学生的发展差别，可以帮助他们更好地把握阶段性方向，促进学生"德智体美劳"全面发展。

（一）时代发展推动评价改革

教育评价改革一直被视为教育改革的风向标，是事关教育发展方向的指挥棒。习近平总书记在全国教育大会上深刻指出："要深化教育体制改革，健全立德树人落实机制，扭转不科学的教育评价导向，坚决克服唯分数、唯升学、唯文凭、唯论文、唯帽子的顽瘴

瘤疾，从根本上解决教育评价指挥棒问题。"

在教育改革工作中，教育评价改革是最难落实的，一方面这需要花费大量的人力物力；另一方面，教育评价深受多年来固有观念的影响，要想改变，就要进行联动性改革。所以，教育评价改革工作也曾被誉为是世界性、历史性和实践性的难题。如何发挥评价的客观性、科学性和严谨性，是一个绕不开且需不断探索的问题。

评价是一把双刃剑，用得好可以极大地推动学校的发展，进一步提高学校的办学质量；用得不好可能会引发很多棘手的问题。教育评价改革的确是一项艰巨的任务。如何正确地评价教师和学生，是整个学校教育体系中至关重要的一环。评价不仅关乎教师和学生的个人发展，还对整个学校的氛围和发展产生深远影响。如果评价机制运用得当，会形成一种积极向上的能量，使教师和学生朝着正确的方向努力，取得显著的效果。反之，如果评价机制不当，可能会产生副作用，打击教师和学生的积极性，加重教师和学生的负担，形成一种无形的压迫感，导致整个学校的负面情绪积累。

（二）人工智能助力教学评价

在传统的评价体系中，终结性评价是主要的评估手段。例如，通过期末考试的成绩来评价一个学生的学习效果，或者通过一张试卷来衡量教师的教学效果。如果一个学生在考试当天发挥失常，那么他一学期的努力很可能会被忽视。同样，如果一个教师所教的学生在考试中整体表现不佳，那么教师的努力也可能被一笔抹杀。这种方式显然存在很大的片面性和随意性。

那么，如果将一次考试变成多次考试，是否就能实现过程性评价呢？显然也不是。应该说，相较于一次性考试，多次考试的效果要好一些，但仍不能将其定义为过程性评价。开展过程性评价，需要对教师的教学和学生的学习进行当天、时段化的评价，然后将每一份"当天"的评价以完整过程的形式进行汇总，同时，将一次性的试卷转换为学生每日的练习，形成知识掌握程度数据，最终形成一份学期评价。也就是说，过程性评价更关注学生在学习过程中的知识掌握情况、态度发展及价值观变化。这样的评价结果，是最接近教师和学生真实情况的，评价的效果也会更客观、更全面。

为了推动评价改革的创造性发展，应该从评价方式入手，创造性地寻找并设立更为合适的评价方式，只有这样创造性地推动评价改革，才能真正引领师生朝着良性的方向发展。

因此，我提出通过完整的链条式评价，呈现学生和教师一个学期的过程性努力，以便更真实、更客观、更科学地反映教师和学生的真实情况。然而要实现这种过程性评价并不容易，光是收集"每天"的评价数据，工作量就已经很大，更别说还要分析整理。在教育评价改革工作会议上曾有很多教师质疑：到底该如何在不加重教师负担的情况下进行教育评价改革工作。因此，我们需要借助信息技术特别是人工智能工具的辅助。人工智能过程性评价的应用，可以及时记录教师的教学情况以及学生的学习情况，同时，人工智能过程性评价还能通过技术采集、数据分析和加工，生成能够体现个性化特点的评价分析报告。

除了应用于教师的教学和学生的学习，人工智能过程性评价还可以用于学生行为习惯的养成评价。我们可以通过基于人工智能技术的数据采集，整理分析学生的习惯养成效果。我们也可以将人工智能过程性评价机制应用于教师与家长的沟通工作中。教师的教学和学生的学习所产生的教育效果，都能被过程性地记录并实现数据分析。这样直观的评价报告便于家长及时了解教师的教学和学生的学习情况。

除了能真实反映教学效果，人工智能过程性评价还有一个重要作用——在过程性评价中及时给予反馈。这种及时反馈的功能，可以实现对学生出现的学习问题进行及时指导和纠正。根据发现的问题，提出有针对性的解决方案，这样可以避免学生走偏方向或使用错误的方法，同时也可以帮助他们更好地把握阶段性方向。

建立人工智能过程性评价体系，旨在通过在教学过程中进行数据采集和分析整理，及时发现并解决问题。这种评价体系能高效地形成一条完整的链条，真实地反映整个学期中教师的工作效果和学生的学习成果。因此，过程性评价能极大地激励教师扎实地"教"、学生扎实地"学"。人工智能过程性评价的应用，可以很好地避开终结性评价的弊端，学校不会因为一次独立的、片面的评价来否定教师和学生在整个学期里所付出的努力以及他们所取得的成绩。

```
┌──────────────────────────────────────────────────────────────────┐
│                        ◎ AI 过程性学业质量评价                       │
│                        ①通过智能系统批改作业并生成数据，减轻          │
│                        教师负担，且可随时监测学生学业质量；           │
│                        ②创造"课堂学习成果——阶段性学习成             │
│     AI 过程性兴趣发展评价 ◎    果"双轨模式监测过程性发展。            │
│   ①打造特色少年科学院，为学                                         │
│   生兴趣发展提供多种选择路径；        人工智能辅助                    │
│   ②开设便民惠生"430 兴趣课        下的过程性评     ◎ AI 过程性五育并举评价 │
│   程"，鼓励学生个性化发展。        价改革体系     从"德智体美劳"五个维度进行全 │
│                                                 方位教育评价，让学生在多样化发 │
│   AI 过程性安全教育评价 ◎                        展中全面认识自己。    │
│   ①校门口配置人脸智能识别系                                         │
│   统，监督学生进出学校情况，            ◎ AI 过程性课堂教学评价        │
│   掌握学生去向；                    借助茶山二小课堂教学智能平台进行录 │
│   ②关键区域、特殊场所实施监          课教研、科学化数据分析，提高课堂教 │
│   控预警，实时监管学生在校活          学效率，打造茶山二小"创中学品质 │
│   动安全。                          课堂"。                        │
└──────────────────────────────────────────────────────────────────┘
```

茶山二小"一大核心，五大亮点"过程性评价改革体系

实现教育评价改革的关键还是要落实到学生身上，教育的归属是学生。如何才能更好地让教育评价改革实现其意义呢？关键还是要激发学生的兴趣与荣誉感，一个好的榜样会诱发更多好的效应，所以我们摆脱了以往教师终结性评价，关注学生在学习过程中的积极变化。我们设定了相应的赋分细则，鼓励学生通过良好的习惯及过程的进步获取学分，同时也鼓励学生参与争章行动，以这样富有趣味性的激励式评价调动学生的积极性，在无形中促进学生养成良好行为习惯。

每一个被点亮的勋章都代表着一个不同的荣誉。也就是说，每个学生的成长都是独一无二的，这些勋章也会在期末的时候发放到学生的成长记录册中，让教育评价可视化、可及化、趣味化。

从目前的实施效果来看，比起一个学期才能得到一次的奖状激励方法，点亮勋章的做法更具日常习惯养成的激励作用。每一个学生都能够为自己的成长记录册点亮勋章，从而更有效地树立起信心。

（三）教育评价赋能学校发展

茶山二小的过程性评价方法得到了兄弟学校的广泛认可和赞誉。许多管理团队专程来茶山二小学习并借鉴这种过程性评价的推进方法，以提升他们学校的办学质量和效果。通过人工智能过程性评价，可以真正推动教育向良好方向发展，引领师生朝正确的方向努力。同时，学校能够及时关注到学生的成长，为学生的成长保驾护航，这也是过程性评价所具有的独特魅力。

这种评价方式因为其真实、全面的特点，受到了教师和学生的热烈欢迎，并得到广泛推广。著名教育家陶行知先生说："教育是人类生活的根本，是国家社会的基石。"过程性评价正是这样一块基石，其客观性反映了教师和学生的真实状态，有利于教师帮助学生提高学习成绩，有利于学校帮助教师提高教学水平，从而提升学校的整体办学质量，撬动教育教学追求更高的品质。

六、以赛促学，创造性推动全校性科学探究活动

桃红李白竞争妍，绿野尽春色。

——洪适《好事近》

我发现，通过竞赛形式能够激发学生对科学探究的热情和主动性。因此，我提出了一个创新的想法：创建一个面向所有学生的赛事平台，通过竞赛激励学生探究身边的世界并展示他们的探究成果。于是，我在全校举办了科学探究与实践大赛，鼓励学生积极、大胆探究身边的现象，掌握科学方法，体验科学探究和实践的过程，形成独特的科学探究和实践成果。这个赛事深受学生欢迎，为学生的科学课学习和科学探究实践活动奠定了坚实基础，培养了学生创造性解决问题的思维和能力。这个赛事被茶山镇教育管理中心采纳，成为镇里的一个品牌赛事，并得到了东莞市教育主管部门的认可。

（一）一次赛事的启发

我始终致力于推动学生主动探索身边的世界，培养他们对身边世界的好奇心，点燃他们对科学探究的热情。因此，我努力推广科学课程，希望学生在每一节科学课上都能应用科学方法探究身边的世界。然而，仅仅在课堂上普及是远远不够的，因为课堂上只能解决极少的问题或内容。如何激发学生主动探究身边自己感兴趣的科

学现象，这是我思考的问题。

有一次，我带学生参加科学类比赛。在比赛过程中，我惊喜地发现学生对自己探究的内容表现出极高的热情。平时在学校羞答答的学生在赛场上是如此自信地向别人介绍自己的探究成果，他们认真地解释着每一个细节，希望自己的成果能得到他人的认可。这种热情让我深感欣慰，我认为学生就应该拥有这样的状态。

我开始思考，为什么学生在比赛中会表现得如此充满激情和享受自己的探究成果，渴望向他人介绍。大概因为他们希望自己的探究成果能够在众多的成果中脱颖而出，渴望得到别人的认可，以证明自己的方法更好、成果更出色。这种竞争意识激发了他们的积极性和主动性，促使他们产生向他人展示自己探究成果的强烈欲望。

为了培养学生的科学素养，激发他们从小热爱科学长大后投身于科学事业为祖国的科学进步贡献力量，我提出一个创新的想法——创建一个面向所有学生的科学平台。这个平台可以是赛事，也可以是研讨会、论坛等，主要是为了让学生有时间、有平台、有机会展示自己的研究成果、阐述自己的观点和想法。这样的平台不仅可以为学生提供展示自己的机会，还可以加强学生之间的讨论和交流，激发学生对科学探究的激情，引领学生积极投身于科学探究和实践之中，勇于探索真知，勇于追求真理。

（二）一个赛事的举办

根据多年的科学教育经验，我认为所有学生都具有一定的探究能力。教师需要把这种能力保护好、培养好，鼓励学生积极关注身边的现象，创立小课题去探究它，并将探究过程以文字、图片等形式记录下来，最后整理并呈现最终的成果。这样一个探究身边世界的过程及成果展示就可以作为一次比赛的内容，通过与其他同学进行交流比较，评估选题是否比其他同学的更好，使用的方法是否更科学，成果是否更丰富。这是一种比较自由可以发挥主观能动性的探究活动。只要是自己感兴趣的现象，都可以主动去探究，所有学生和教师都能参与进来。

在我看来，这是一种多元有机组合的活动。学生可以与教师一起探究，也可以独立探究，或者与其他同学组成小组来探究。无论是高年段、中年段还是低年段的学生，都可以根据自己感兴趣的内容确定探究方法、展现探究过程和探究成果。这样的赛事对于激发学生的科学探究热情，培养学生的科学素养，树立学生的科学梦想，有着举足轻重的意义。

于是，我创造性地提出要在全校举办科学探究与实践大赛。大赛的目的，就是引导学生关注身边的科学现象。参与大赛时，学生既可以探究一个科学现象，也可以实践一个科学原理。

例如，如果学生对"隔夜茶还能不能喝"这一生活现象特别感兴趣，就可以以此作为科学探究的对象展开研究。为什么隔夜茶不能喝？它发生了怎样的变化？是不是某些成分发生了变化？这些发生变化的成分对人体有害吗？隔夜茶不能喝是因为味道不好，还是由于隔夜茶里滋生了细菌？在强烈求知欲的驱动下，学生可以专门成立一个小组来探究，通过查阅资料、询问教师、做小实验等方式进行科学探究。学生还可以在科学探究与实践大赛上，把科学探究的结果分享给同学们。

又例如，学生都知道磁铁无论如何摆放，都会受到地球磁场的影响。如果将磁铁立起来或吊起来，无论如何转动它，最终它都会固定到同一个方向。这个有趣的现象可信还是不可信？如果学生对此感兴趣，就可以通过实践检验一下。学生可以将自己的实践过程记录下来，然后整理形成自己的实践成果，最后在科学探究与实践大赛上与其他同学展开交流学习。

很多教师会感叹"我们的学生不一样"，又或者说"我们的学生没有这种天赋"，其实不然。一开始茶山二小也有教师质疑过，但事实告诉大家，学生的积极性与创造性远超我们的想象。与自己的小团队一起确立研究主题，然后开展科学探究和实践，最后形成探究和实践成果并向他人进行推荐和介绍，整个流程都是在学生主动参与的情况下进行的，学生自己就是整个活动的主角。在科学探究与实践大赛上，学生大方自信地向他人展示自己的科学探究成果，他们对自己的探究发现引以为傲，侃侃而谈……这样的画面，总会让人心头一动。我们在感叹学生能力的同时，更会发现教育的力量。为学生创建一项赛事，让他们的科学素养被看见。

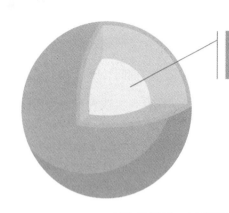

赛事的内核：
科学素养被看见

创造性思维：以赛促研

（三）一场赛事的力量

鼓励学生积极主动探究身边的现象，掌握科学方法，体验科学探究和实践的过程，形成独特的科学探究和实践成果，这对于发展学生科学思维和创造性解决问题的能力是非常有利的。为了让学生更好地参与到科学探究中来，学校举办了一个面向全校师生的赛事。因为这个赛事的门槛较低，且参赛主题都是学生根据自己的兴趣选定的，所以深受学生欢迎。三年来，学校每年都能展出几百件学生作品。学生的视角与成人不同，他们的无穷创意往往会令人折服。

通过这样的赛事，我们发现许多学生对探究身边的科学现象产生了浓厚的兴趣，这也为他们后续的科学课学习和科学探究实践活动奠定了坚实基础。有些学生甚至希望长大后能成为科学家，去探究神奇的科学世界。在活动中，学生能够将自己探究和实践的成果拿出来，相互学习，相互促进，进一步强化他们对科学探究与实践的兴趣。在学生科学素养得到提升的同时，学生创造性解决问题的思维和能力也得到了培养。这个赛事是推动科学教育发展、培养学生创新能力的良好载体。学生在这个过程中体验感强烈，成就感满满。

这个赛事能够让学生参与科学探究活动，促进学生科学素养的发展，很有意义也非常值得推广。其他学校在考察我校的赛事后也深受启发，纷纷效仿。后来，这个赛事被茶山镇教育管理中心采纳，打造成镇里的一个品牌赛事。

镇里所有学校都积极动员学生参与科学探究与实践大赛，随后选择合适的时间展示学生的探究和实践成果。每所学校的学生都拥有丰硕且高质量的成果，大家互相借鉴学习，实现智慧共享。东莞市教育主管部门的领导在观摩了学生的科学探究实践作品后，认为这个赛事应该面向全市甚至全省进行推广。

第二章
校长营造育人文化的创造力

校长发挥创造力，绿化、美化校园环境，精心营造人文氛围，凝聚学校文化建设力量，突破瓶颈，创意治校。

一、班级联赛，创造性激活学生体育运动的兴趣

蹴鞠场边万人看，秋千旗下一春忙。

——陆游《晚春感事四首·其四》

为激发学生参与体育锻炼的兴趣，我提出实施创造性举措来激活学生内驱力，让学生自主选择喜欢的体育锻炼活动并开展班级联赛。此举不仅让学生积极参与"快乐大课间"，还显著增强了学生的体质。班级联赛成为学生喜爱的活动，学校也因此连续两年取得东莞市小学生体质健康监测第一名的成绩。

（一）"快乐大课间"，学生不快乐

茶山二小的体育硬件设施完善，学生进行体育活动的场地很充足，但过去学生对体育活动的兴趣并不浓厚，学校的体育特色也不凸显。特别是每天的"快乐大课间"，学生并不快乐，排队拖拉、运动松散。

《义务教育体育与健康课程标准（2022年版）》指出："体育与健康教育是实现儿童青少年全面发展的重要途径，对于促进学生积极参与体育运动、养成健康生活方式、健全人格品质，提升国民综合素质，推动社会文明进步，建设健康中国和体育强国，实现中华民族伟大复兴具有重要的现实和长远意义。"

加强体育锻炼的意义不言而喻。然而，如果缺乏体育锻炼的兴趣就无法调动学生参加体育锻炼的积极性。从另一个层面来说，要求学生长期参与一些自己不感兴趣的体育活动，其内心的不耐烦和不悦感也会对学生的校园学习生活产生负面影响。

所以，让体育锻炼活动成为学生强烈的兴趣爱好，学生每天都积极参加"快乐大课间"，甚至让学校的"快乐大课间"成为学生向往校园学习生活中的一部分，可行吗？

我急不可耐地召集行政团队，就"如何优化大课间活动"开展了大讨论。

（二）创造性举措，激活内驱力

兴趣是激活学生内驱力的重要因素之一。然而，哪些体育锻炼活动才是学生感兴趣的呢？一般来说，学生参与的体育锻炼项目是由体育科组的教师分年段统一规划制订的，可是这样整齐划一的形式难以激发学生的积极性，同时还会增加班主任的工作量。于是，我决定打破惯例，充分发挥学生的自主性，让学生自由选择自己喜欢的体育锻炼活动——只要学生能够运动起来，兴趣被激发出来，谁做选择，选择什么内容，都无所谓。

于是，我们把每天上午半个小时的大课间时间支配权交给班主任和学生。由班主任与学生共同讨论决定自己班每天"快乐大课间"的活动内容。只要学生积极参与，学校层面不予干预。此举刚落地，许多班级的学生就兴奋起来，纷纷选择自己感兴趣的体育锻炼活动，有的班级选择跳绳，有的班级选择踢毽子，有的班级选择玩捉迷藏游戏，各种各样的活动都在"快乐大课间"快乐地开展起来。每到"快乐大课间"时间，校园里热闹极了，伴随着动感的音乐，每个学生都动了起来，教师也跟着学生一起动起来，相互感染，相互带动，这样生气蓬勃的场面，才是学生真正参与其中并乐在其中的模样。

让班主任和学生共同制订"快乐大课间"体育锻炼活动的内容，是引领学生从内心认同"快乐大课间"体育锻炼活动安排的第一步；再通过让学生自己选择喜爱的内容，把认同感转移到行动上来。学生开始积极参与"快乐大课间"活动，这就是一个巨大的进步。

除了兴趣，目标也是激活学生内驱力的重要因素之一。为了进一步激发学生参与"快乐大课间"体育锻炼活动的浓厚兴趣，我提议举办班级联赛。比赛不仅能激发学生的斗志和进取心，还能在明确的目标导向下，进一步激发学生的内驱力，促使他们更加积极地参与体育锻炼活动。行政团队方面提出了一些困难，比如时间紧迫，在半小时内举办一场联赛，似乎不可能完成。此外，联赛还需要裁判，这增加了问题的复杂性。但我坚信，只要大家愿意并积极思考，一定能够创造性地解决这些问题。半小时也能举办一场联赛，如10分钟一场；还可以一场男生比，一场女生比。在班级这种小范围的联赛中，可以先由部分学生代表本班上场比赛，其他暂时没有参与的学生则充当观众和啦啦队。没被安排上场比赛的学生，可以在后面的活动中再予以安排。如果每天都有这样的活动，每个学生每星期能参与一两次，学生参与体育锻炼活动的兴趣就会被最大限度地激发出来。至于裁判，除了可以充分发挥体育老师的力量，还可以通过合理的调配，鼓励喜爱体育运动的班主任和科任教师参与到这项工作中。

"快乐大课间班级联赛"正式启动了。我们欣喜地看到校园里上演着各种各样的比赛，包括足球、篮球、羽毛球、乒乓球和跳绳等。每个年级的比赛项目不尽相同，也不是所有的体育锻炼活动都适合以班级联赛的形式开展，但大家积极发挥主观能动性，创造性地开展各类班级联赛。联赛并非每天都开展，但一旦开展就必定成为当天"快乐大课间"的亮点。甚至有些班级的学生为了在班级联赛中取得好成绩，还会利用课余时间积极训练，做好充分的准备，班级联赛所带来的积极影响远超预期。

创造性思维：激活内驱力

为了提高学生参与"快乐大课间"的积极性，我们允许学生自主选择要参与的活动，并开展了班级联赛。这些举措旨在激励学生积极参与体育锻炼活动，培养他们对体育锻炼活动的热爱。如今，学校的"快乐大课间"已经焕发出新的活力。学生每天都满怀期待地盼望着这一刻，期待着参与各种活动，期待着与不同班级进行比赛。校园里的运动氛围越来越浓厚，学生对体育锻炼的兴趣也日益增强。

（三）比赛获殊荣，体质大提升

为了班级联赛，学生需要额外花时间去训练和准备，这样的体育锻炼是自发的、自主的，能够激发学生的积极性和参与热情。另外，虽然班级联赛的规模不大，但它毕竟是一场比赛。在胜负未定之前，紧张刺激的氛围一直伴随着整个比赛过程。未能上场参与比赛的学生在观看过程中也会被赛场上的氛围所感染，这种无形的力量不断吸引着学生，激发他们参与比赛的欲望。

班级联赛不仅提高了学生参与体育锻炼的积极性，还促进了学生体育技能的发展。无心插柳柳成荫，我们培养了许多擅长各类体育比赛项目的梯队成员。经过精心的培养，这些梯队成员代表学校参加了镇里的各种比赛，并取得了优异的成绩，为学校赢得了荣誉。

在"快乐大课间"的 30 分钟里，我们努力引导学生积极参与运动，并惊喜地发现他们在这一过程中逐渐掌握了相应的体育技能，这为一些体育比赛项目打下了坚实的基础。更为关键的是，学生从此爱上了"快乐大课间"，将它视为校园生活中一份美好的憧憬。全校师生共同参与，共享那份热情与活力，这样的场景令人感到美妙而又振奋。

如今，每天上午这半个小时的"快乐大课间"已经成为茶山二小的又一个品牌特色。其他学校的领导和体育老师纷纷来到茶山二小，实地观摩"快乐大课间"的开展情况。他们亲眼见证了学生在校园里尽情享受运动的快乐，感受到学生的激情和阳光向上的精神面貌。这无疑是茶山二小的一份骄傲。

不仅如此，学生的体质也得到了显著提升。过去两年，茶山二小连续获得东莞市小学生体质健康监测第一名，这一荣誉与我们创造性地开展"快乐大课间"有着密不可分的关系。班级联赛这一看似难以实施的项目，如今已成为学生们的最爱。因为学生的热爱与积极参与，我们倍感自豪。从"快乐大课间"出发，我们将坚定前行，不断收获更多的成果与喜悦。

二、四大节日，创造性打造校园文化的童创特色

> 根之茂者其实遂，膏之沃者其光晔。
>
> ——韩愈《答李翊书》

为了打造具有童趣的校园文化特色，我将校园文化与学生活动紧密融合，以四大节日（雷锋节、科学节、体艺节、卖懒节）为核心内容，每个季度举办一个大型节日活动，并为每个节日设置一个架空层，展示独特的主题文化。每个架空层都设置了一个展示板块，用于呈现过往活动中的精彩瞬间，从而实现校园文化的传承和发展。

（一）立体创意的设计思维

习近平总书记曾多次强调，要坚定文化自信。作为文化传承与创新的载体，学校也在不断地向前发展，而学校的发展过程实际上也是校园文化不断形成、丰富的过程。如果说祖国大文化是归属，那么校园小文化则是对学生最直接的熏陶。每所学校都会把营造浓厚的校园文化作为办学的重要工作。在改造茶山二小的过程中，我们也在不断思考如何根据学校已有的文化和条件创造性地打造浓厚的童创文化。

为此，我们参观过很多学校，去学习它们的校园文化建设经验。大多数学校的墙壁会固定呈现某一主题的内容，这个内容一旦确定

下来，一般很少再去做改动。固定的内容传递的是单一的文化元素。茶山二小之前也做过几次方案，但都局限于在校园的墙壁、走廊等空间装饰一些能传递童创文化的元素。仅仅传递平面文化和图文文化总让人感觉还差点什么。我们也曾设想，在一楼架空层所有柱子上装上电子屏用以展示茶山二小的校园文化。只是这种做法造价较高，且柱子与柱子之间距离较远，单独一根柱子无法渲染氛围，因此最终也未能被采纳。如果只是通过墙壁或电子屏展示一种主题文化或形成一种文化氛围，显然不是茶山二小所追求的。

于是，我们开始跳出平面的"墙壁文化"设计思维，向立体的"空间文化"设计思维转变。我们计划把学校一楼架空层作为打造校园文化的主要空间。这里是学生每天频繁经过的地方，因此能最大化地影响他们。每天上午，一楼架空层是学生开展"快乐大课间"的主要场所，他们在这里开展各种有趣且富有活力的体育活动。因此，这个活动空间对学生来说至关重要。在保持架空层既有功能的同时，我们面临着如何巧妙地融入学校童创文化的挑战。

经过深思熟虑，我们决定还是要利用这些柱子，但需要在柱子之间增加一些结构，使它们连成一片完整的展示区。这样，就可以将我们希望呈现的主题文化以立体的形式呈现出来。思考至此，我们的思路终于打开了。接下来，需要进一步思考的是究竟要呈现何种主题文化。

（二）四大节日的文化内核

此前，学校开展的活动繁多，有些确有必要，但有些则未必。过多的活动可能会使学生失去期待和新鲜感，甚至让学生产生疲劳感。此外，过多的活动也会干扰学生的学习，影响教学进度，给教师带来困扰。因此，茶山二小倡导每个季度只开展一个大型文化节活动，例如春季雷锋节、夏季科学节、秋季体艺节和冬季卖懒节。这样的设计将校园文化与学生活动紧密融合，是一种创新的顶层设计。

为什么是这四大节日？

创造性思维：以"节"打造校园文化内核

第一个节日是雷锋节。一来，我们学校一直摆放着雷锋雕像，学生每天都会见到。二来，我们希望学生从小就以雷锋为榜样，学习他的钉子精神，学习他乐于助人、勤奋刻苦、热爱钻研、为人民服务的精神。时代更迭，雷锋精神不应被遗忘，所有学生都应该理解雷锋精神的时代内涵，像雷锋一样，珍惜时间，把握当下；像雷锋一样，与人友好相处，乐于帮助他人；像雷锋一样，勤奋读书，钻研自己感兴趣的内容；像雷锋一样，不计个人得失，树立服务意识，一心向党，为人民和国家贡献自己的力量。

雷锋节是茶山二小传统的校园节日，之前由于活动面较窄、形式单一枯燥，没有发挥出其应有的影响力。现在，我们将其列入四大节日系列活动，扩大活动范围，加大活动力度，以进一步彰显其意义。通过这种方式，我们能够引导学生从各个方面向雷锋同志学习。在六年的小学生活中，学生将有六次机会参与雷锋节活动，每年都有不同的学习主题和内容。这样，学生能够对雷锋同志建立完整印象，同时也能系统地学习雷锋同志的精神内涵。

第二个节日是科学节。茶山二小非常注重科学教育，并且已将其打造成学校的特色品牌。学校还因此被评为省、市级的科学教育示范性学校。每年夏季，我们都会举办盛大的科学节活动，为学生提供机会展示他们的科学研究成果和科学实践中的精彩瞬间。科学节活动旨在培养学生的科学素养和科学创新精神，激发他们对科学的热爱，并鼓励他们未来投身于科学事业，成为对社会和国家有用的科技型创新人才。

第三个节日是体艺节。在秋季，我们打破体育与艺术的学科界限，将两者完美融合，以期学生不仅拥有强健的体魄，还能培养出健康的审美素养。在体艺节中，学生勇于挑战自我，努力绽放体育健儿的卓越风姿；同时，他们也尽情展现自己魅力四射的艺术风采。

体育与艺术的紧密结合，形成了一种浓厚的文化氛围。体艺节的举办一方面有助于激发学生从小养成热爱运动的习惯，另一方面有助于培养学生的审美创造能力。体育与艺术的神奇组合，给茶山二小带来了别样的精彩。

第四个节日是卖懒节。卖懒节是茶山当地的一项传统民俗。每到过年时，村里的老人会让小朋友将煮好的鸡蛋涂上红色，挂上绳子后卖出去，寓意着将自己的懒惰卖出去。这一传统民俗的深层含义在于激励孩子们从小就继承勤奋的美德，远离懒惰。当孩子们通过卖懒节这一仪式将自己的懒惰"卖出"后，他们便会更加勤奋地学习。

打造卖懒节这一校园文化活动，主要目的是希望学生能培养出勤奋的品质。我们追求通过文化的感染，使学生从小就养成勤奋的习惯，让他们认识到无论在生活还是学习上，只有勤奋努力，才能取得成果。因此，我们积极创设情境和条件，让学生在卖懒节校园文化活动中将懒惰全部"卖"出去，培养勤劳和奋斗的精神。

卖懒节不仅承载着传承本土文化的使命，还与时代精神相结合，这一节日旨在让学生通过实践体验消除懒惰，培养吃苦耐劳、艰苦奋斗的精神。

（三）学生为本的文化传承

根据学校活动开展的需求，我们以四个节日作为校园文化建设的载体，以四大节日背后的文化作为校园文化的内核，设计四个文化主题空间。虽然校园文化的四大节日核心主题一旦确定后会保持相对稳定，但是，当我们把学生活动的过程也作为校园文化的一部分动态地展现在架空层时，所呈现的校园文化就会因为学生的变化而不断丰富和更新。正因为我们打造的校园文化是基于学生的活动过程的，所以每年都会得到更新和优化，而非像墙壁文化一样一成不变。

我们在每个主题文化空间都设置了一个板块，专门用于展示过往活动的精彩瞬间。希望通过这样的方式，实现校园文化的传承和发展。在四大节日文化活动中，我们始终坚持站在学生的视角和立场，以学生为中心，培养他们创造性解决问题的思维和能力，在主题活动中不断丰富校园文化的内核。以四大节日的文化为校园文化内核，以四大文化为载体，创造性地打造了校园文化的童创特色。

三、八大习惯，创造性培养学生课间行为好素养

不积跬步，无以至千里；不积小流，无以成江海。

——荀子《劝学》

为帮助学生养成良好的课间行为习惯，我创造性地提出了"八大习惯"体系。该体系包括"有礼貌、靠右走、快静齐、不追闹、食不言、寝不语、讲卫生、懂节约"等内容，全面涵盖了学生日常行为活动的各个方面。这一体系简单、朴实，是学生养成良好行为习惯的基石，也是德育工作的重要立足点。

（一）构建"八大习惯"行为链

亚里士多德曾说："卓越不是单一的举动，而是习惯。"关于学生良好行为习惯的养成，学校通常有《中小学生守则》《小学生日常行为规范》等指导性文件来指引。但《中小学生守则》《小学生日常行为规范》的内容太过宽泛，针对性不够。所以，提炼一些核心的、具体的规范内容，形成一些基础的行为习惯要求用以引导学生就十分必要。那么，这些核心行为规范的梳理，就要求我们创造性地思考并解决问题。

在认真阅读《中小学生守则》《小学生日常行为规范》等内容后，我提出了一个具有创造性的想法：将这些指导性文件的内容浓

缩成简单的几个词，言简意赅，朗朗上口，方便学生记忆。假以时日，逐渐把需要规范的行为发展为具有一定自发性的习惯。

梳理完这些指导性文件后，我提炼了许多关键词，但关注面还是太广泛。后来，我有了新想法：与其面面俱到，不如抓住主要矛盾，把学生行为习惯养成中最基本、最核心、最困难的内容作为提炼的方向，以此作为学生日常行为习惯培养的抓手。经过反复思考，我创造性地提出了"八大习惯"体系，构建了"八大习惯"行为链。

（二）提炼"八大习惯"三字经

最终确定的"八大习惯"内容包括"有礼貌、靠右走、快静齐、不追闹、食不言、寝不语、讲卫生、懂节约"。

创造性思维："八大习惯"三字经

1.八大习惯之有礼貌：有礼貌聚焦于良好的精神面貌，包括遇人主动打招呼，与人和睦相处，彼此尊重谦让。几乎所有的文明礼仪都可以用"有礼貌"这三个字概括，而且这三个字很容易记住。不同年级对有礼貌的教育侧重点应有不同，可以根据学生的身心发展特点不断丰富有礼貌的内容和内涵。

2. 八大习惯之靠右走：关于靠右走，它不应该只是口令，还应成为一种固定的意识和认知。事实上，靠右走在很多学校都被忽略了。为什么要靠右走？首先，这符合中国的交通行驶规则，开车也好，步行也好，靠右走可以保证交通的有序和安全。其次，学校里有很多走廊和楼梯，当所有学生都养成靠右走的习惯，就可以避免发生冲撞。通过靠右走这种简单的引导规范学生的日常行为，帮助学生树立正确的交通意识和规则意识，十分有意义。如果学生从小对此就有正确的认知，那么他们往往会表现出极高的公德素养。

3. 八大习惯之快静齐：为了帮助学生强化纪律意识，许多学校会组织学生参加军事训练。在军训期间，教官会对学生进行专门的集队训练，从而实现集队时的快静齐。学生每天在学校会有多次集合排队的需要，当教师发出集队指令后，我们希望学生能够快速、安静、整齐地执行指令。

学生在学校的活动大多是集体性的，如果每个学生都能做到快静齐，这将极大地节省时间。当一个集体在集合时展现出快静齐的特点，那这个集体的精神风貌也会显得积极向上。快静齐的训练实际上也是集体意识的训练，只有每个人都做到快静齐，集体才会呈现快静齐的效果。每个个体都需要在集体中贡献自己的力量。

4.八大习惯之不追闹：不追闹是指学生在课间休息时不追逐打闹。课间休息时，去洗手间和在走廊活动的学生比较集中，追逐打闹是他们上完课后的一种放松方式。然而，过度追逐打闹存在极大的安全隐患。快速奔跑时的撞击力是非常大的，如果两个学生同时奔跑并相撞，后果不堪设想。因此，我们倡导学生在保障安全的前提下，可以在运动场上尽情地运动，避免在教室、走廊等不开阔的地方追逐打闹。避免在公共场合追逐打闹和大声喧哗，是每所学校都应该竭力让学生养成的好习惯。

5.八大习惯之食不言：食不言指的是学生在就餐时应保持安静，不大声讲话，甚至不讲话。茶山二小的饭堂十分宽敞，可容纳1000多名学生同时用餐。如果每个人都在就餐时发出声音，整个饭堂就会变得非常嘈杂，影响就餐体验。另外，在吃饭时讲话也很容易呛到自己。食不言是学校对学生饮食行为的基本要求。如果学生养成了这一良好习惯，他们在公共餐厅就餐时也会自觉遵守基本的就餐礼仪，展现出良好的文明习惯素养。

6.八大习惯之寝不语：寝不语是学生在校集体午休时需要养成的一个良好习惯。这意味着午休时，学生要做到不说话以免打扰他人休息。午睡的学生比较多，他们的床是连在一起的。在同一个宿舍，只要有一个学生讲话，必定会影响整个宿舍学生的午休。因此，我们倡导寝不语，帮助所有学生安静入睡。我们希望学生在公共场合要学会不干扰别人，从小就做一个讲公德的公民。

7.八大习惯之讲卫生：讲卫生，既包括个人卫生，也包括集体卫生。学生每天需要整理好自己的书桌，收拾好自己的书包，整理好自己的衣服……我们倡导学生养成勤洗手的习惯，看到地上的垃圾要弯腰拾起，一天三次对教室卫生包干区进行保洁。这样，整个校园就会变得卫生、干净、健康、美丽、舒适。因此，谨记讲卫生这一习惯要求就显得尤为重要。当然，我们希望学生在家里或者其他公共场所都能做到讲卫生。讲卫生这个微小的举动，也能代表一个人的良好素养。

8.八大习惯之懂节约：节约是中华民族的传统美德，新时代同样需要大力弘扬勤俭节约精神。懂节约对学生的在校要求主要是爱护公共财产，不浪费水、电和纸张，不破坏公物。例如，外出上课离开教室时，要养成随手关灯的习惯，如厕后洗手要养成拧紧水龙头的习惯……节约实际上就是爱护资源、珍惜资源的最佳体现。学生不仅要在学校里厉行节约的好习惯，在家里也要如此要求自己。

（三）把握"八大习惯"生长点

儿童心理学研究表明，小学阶段是行为习惯养成和纠正的关键时期。在这个阶段，学校给予学生正确行为习惯的引导，必将为孩子一生的发展打下坚实的基础。

我们所倡导的八大习惯，以"三字经"的方式呈现出来，便于学生记忆，虽短小精悍，却能将涓滴之力汇聚成磅礴伟力。这八大习惯基本上囊括了学生在校的所有日常行为活动，它既是要求，也是目标。尽管这八大习惯非常简单、朴实，但反映的都是学生行为习惯的底层逻辑，是学生养成良好行为习惯的最基本步骤，更是学生良好行为习惯养成的生长点。

我们希望学生从小学开始就能时刻谨记这八大习惯，并以此作为校园日常行为准则，培养良好的行为习惯，为日后的社会活动打下坚实的道德基础。八大习惯的培养指向学生的综合素养，这是我们开展德育工作的基本立足点，也是学校从小培养学生养成文明行为习惯的基本内容，是具有茶山二小印记的习惯养成内容。

四、别样升旗，创造性打造全校学生的思政课堂

以不息为体，以日新为道。

——刘禹锡《问大钧赋》

为打造全校学生的思政课堂，我创造性地通过改变升旗仪式的形式和内容，激发学生的兴趣，深化每周主题教育的效果。具体做法包括：将流动红旗颁奖环节优化为"我的班级秀台"，让获奖班级在全校师生面前分享有趣的故事和妙招；将国旗下的讲话环节优化为"主题展演秀台"，通过展演形式呈现思政内容，让学生在欣赏节目的同时受到思政力量的感染。这种升旗仪式既保留了统一思想的作用，又创造了一个舞台，让学生充分展示才华，提高教育效果。

（一）拒绝一成不变的升旗仪式

每逢星期一，学校都会举行隆重的升旗仪式，对学生进行爱国主义教育，培养学生的爱国情怀。随着五星红旗冉冉升起，全校师生合唱国歌。升旗仪式结束后，许多学校的传统做法是师生轮流在国旗下讲话。讲话的主题或围绕节日，或遵循上级部门规定的主题。

我们发现，尽管每次国旗下的讲话，全校师生都参与其中，但是师生对于活动的形式和内容兴趣乏乏。我们需要改变升旗仪式之

后活动的形式和内容，让每周一次的升旗仪式成为师生期待、向往并充满兴趣的一次集会。要达到这样的效果，无疑是需要我们创造性地思考才能实现的。

受教育的主体是学生，我们需要站在学生的角度从形式和内容上对每周升旗仪式的内容主题进行规划。经过精心的规划和优化，每周一次的升旗仪式可以形成一个连贯且独特的教育主题活动。这样，既能实现每周全体学生集中时统一进行主题思政教育的目的，又能通过新颖别致的形式和内容，激发学生的兴趣，深化每周主题教育的效果。这样的升旗仪式能让学生留下更深刻的印象，主题教育的意义也就更加凸显。

（二）"双台"打造别样的升旗仪式

通过别样的升旗仪式，我们可以打造一个全校学生参与的思政课堂。为了实现这一目标我提出了两个方面的改进建议。

第一，将升旗仪式后颁发流动红旗的环节优化为"我的班级秀台"。每周，我们会在全校师生面前公布各班行为规范和日常表现的评比结果，以表彰获得流动红旗的先进班级。在我看来，仅仅颁发一面红旗是不够的，我们需要在这个环节中，为获得年级流动红旗第一名的班级提供一个机会和平台，让他们在全校师生面前展示自己的班级，分享他们班有趣的故事和班级管理的妙招。这样，升旗仪式的这一时刻将成为表扬优秀班级的重要时刻。

同时，获得年级流动红旗第一名的班级，还可以派出优秀的学生作为代表，担任该周升旗仪式的机动旗手，和其他固定旗手一起完成升旗仪式。面向全校师生完成升旗仪式是除了流动红旗之外，获奖班级得到的另一份特殊荣誉。为优秀的班级制造这种高光时刻，旨在激励同学们再接再厉。在"我的班级秀台"这一平台上，优秀班级的风采得以充分展示，不仅传递了卓越的精神，更以榜样的力量深深感染着每一个学生，从而激发他们共同奋斗追求卓越的坚定信念。

关于流动红旗的颁奖环节，惯用的做法是获奖班级派代表上台领取流动红旗，然后就下台了。我认为这个环节也需要创造性地改进一下，在节约时间的基础上增加一些仪式感，使学生获得价值感、荣誉感和成就感。为此，我们通过播放视频，直观地在全校师生面前展现获得流动红旗班级学生的精神风貌。

第二，将升旗仪式后国旗下讲话的环节优化为"主题展演秀台"。每周一升旗仪式结束后，会有一个国旗下讲话的环节。在活动主题不变的前提下，改变"讲话"这种形式，把"围绕主题进行讲话"优化为"围绕主题进行展演"。这个展演可以让教师和学生结合时令背景，展示有关的思政内容，从而呈现一种别样的思政课堂。

例如，临近国庆节时，可以围绕"爱国教育"主题进行全校性集会讲话。把"主题讲话"的方式优化为"主题合唱"，同样的主题，不一样的表现形式，后者的教育感染力显然比前者更强，主题教育的效果也会更加显著。又例如在雷锋节期间，可以唱歌颂雷锋的歌曲，表演雷锋的感人故事，又或者全班表演诗朗诵等。总之，每周由一个年级承担主题展演活动。组成主题展演团队的学生可以来自同一个班级也可以来自不同班级。

每周，我们都会围绕一个思政主题进行展演，那么一个学期举行多少次升旗仪式，就有多少节鲜活的思政课。学生在欣赏主题展演节目的同时也受到了思政力量的感染。通过艺术的表现形式呈现思政的主题内容，学生会始终充满期待。

"主题展演秀台"是学校为学生搭建的一个舞台，让有特色有专长的学生在这个舞台上展现自己的才华。同时，学生的展演内容又丰富了全校性思政课的内容，使思政课的形式更加新颖、内容更加充实。这使我们学校的思政课始终保持特色，保持新颖。每个年级都希望能将自己年级最好的节目和面貌展现给全校师生，这不仅是一个亮相的机会，更是学生们的高光时刻。因此，学生会团结协作、精益求精，力求呈现最好的表演。

创造性思维：升旗仪式的"双台"

无论是"我的班级秀台"还是"主题展演秀台",它们所展现的都是一个集体的凝聚力。这种凝聚力,会因为该集体承担了展示任务而在组织、排练等过程中不断得到强化。

(三)尽显教育创意的升旗仪式

当我们创造性地将一些枯燥的思政主题内容以一种更鲜活、更有感染力的方式呈现出来之后,每周一次的升旗仪式就不再生硬、呆板、无趣了。这种做法既保留了升旗仪式中统一思想的作用,又创造了一个舞台,让学生充分地展示自己的特长和才华。对于参与其中的学生而言,亲身体验的教育效果一定会更加深刻。对于未能参与的学生而言,艺术的表现形式会让他们乐于接受、主动接受,教育效果也一定比之前的"说教"更有力。

别样的升旗仪式是学校创造性打造的全校性思政课堂。这样有吸引力的课堂,一定能发挥更好的作用,带来更美好的教育价值。同样的升旗仪式,只因为在形式上进行了一些创造性的改变而魅力四射。什么是"童创教育"?我想这就是。童创教育就在我们身边,随处可见,哪怕是升旗仪式,都能尽显茶山二小所追求的童创教育。

五、玩耍空间，创造性释放学生喜欢玩闹的天性

儿童急走追黄蝶，飞入菜花无处寻。

——杨万里《宿新市徐公店》

为了在校园内充分释放学生的活泼天性，同时避免在玩耍过程中发生意外，我从时间和空间上进行了创造性思考，包括设置"快乐大课间"、运动时间，以及打造可供学生跳跃、跑动甚至攀爬的空间。通过这些措施，学校为学生提供了安全的玩耍空间，满足了他们的天性需求，同时也培养了他们自觉遵守课间规定的良好习惯。

（一）左右为难

小学阶段的学生对周围事物充满好奇心，他们活泼可爱、精力充沛、爱玩、好动、喜欢蹦跳。这是这个年龄段该有的天性。在课间十分钟，经常会看到学生在走廊里你追我赶。对于这一现象，大家首先关注的是安全问题，因此很多学校会要求学生不能在课间玩耍，甚至还有些学校要求学生除了上厕所不能离开教室，这无疑让活力满满的课间十分钟变得死气沉沉，学生的天性也因此被扼杀。我们都明白禁止打闹的原因，但真的只有"禁止"这一种方式吗？有时候我会想，学生喜欢追逐打闹的本质究竟是什么？他们在这个年龄段需要的是更多的关注和引导，而不是简单的禁止和限制。因

此，我们应该寻找一种更好的方式来释放学生的天性，让他们在安全的环境中享受课间的快乐时光。

即使走廊再大再宽，如果学生在走廊里追逐打闹，确实很容易发生因碰撞而导致受伤的情况。但如果仅仅从安全的角度考虑，禁止学生奔跑玩耍，这样的"霸王条例"似乎会压制他们的天性。我们总是在尊重与自保中陷入两难的困境：一方面，尊重学生的天性允许他们在课间奔跑，就要面临学生受伤的风险；另一方面，不允许学生奔跑，可以避免承担学生受伤的风险，却又压制了他们的天性。这个看似不可调和的矛盾，真的没有办法平衡吗？

我始终坚信，只要敢于发挥创造性解决问题的思维，就没有解决不了的问题。那么，如何既能释放学生活泼的天性，又能避免学生在玩耍过程中发生意外呢？

有些行政人员表示，运动场可供学生玩耍和追闹，但需要在特定的时间进行，例如体育课或大课间。然而，这种解决方法面临着一个很现实的问题——体育课和大课间都是有相应任务的，学生自由活动的时间很有限，这就意味着追逐奔跑、玩耍打闹变成了任务式的活动，失去了其存在的意义。也有行政人员提出，可以引导学生课间到操场或者足球场等宽阔的场地自由活动。然而，这又存在另一个问题——课间只有十分钟，除去喝水、上洗手间和做课前准备的时间，学生可能刚到操场，上课铃就已响起。学校和教师一再强调在公共场所不允许追逐打闹，但仍然无法杜绝学生在教室、走廊等公共场所不自觉地跑起来或闹起来的现象。这可能是因为越是不被允许的事情，学生越是渴望去做。

作为校长，我认为我有责任在兼顾学生安全的同时，尊重学生的天性，让学生有机会展现活泼好动的一面，快乐地度过小学阶段的童年生活。除了从时间或课程方面进行考虑，还能从空间上进行一些创造性的思考。

（二）"双间"其下

经过一番创造性的思考，并结合对学生的观察，我从"时间"和"空间"两个方面提出了创造性解决问题的思路。

首先，在上午和下午分别设置一个让学生集体玩耍的时间，使学生的天性得到充分释放。在每天上午的四节课中间，预留一个"快乐大课间"的时间，由教师组织学生充分地动起来，这样既能强身健体，还能释放学生好玩好动的天性。每天下午也设立一个小时的运动时间，只要当天没有体育课，学生都需要走出教室运动一个小时。如果有体育课，则可自行选择是否参与。如此，学生每天至少有一个小时的运动玩耍时间。这于他们而言，是非常快乐的时光。

尽管一天下来有一个多小时的运动时间，但不排除仍有一些学生"动得不尽兴"。因此，除了对这部分学生强化行为规范的养成教育和安全教育，我还想出了第二个方法：在每一层楼里打造一个可供学生跳跃、跑动甚至攀爬的空间。我们用软包将这个空间包起来，里面放一些蹦床和弹跳床，让学生在里面跳起来。有软包的保护，他们不容易受伤。只要学生不发生身体碰撞，我们允许学生在这些空间里摸爬滚打。

我们开始物色场地，并设法确保这个空间的安全性。我发现每个年级的楼层都设置了一个年级图书馆，地方相对较大。我认为可以在年级图书馆中间放上软垫和防撞设施，让想动起来的学生在这里尽情地释放。但这里原本是阅读空间，如果要再打造一个玩耍空间，则需要重新设计。再三思索，我决定将该空间分为两部分：场地中间保留走动的空间，保证借还书籍的学生不会受到影响；两边分别设置一块可供跳跃的区域，铺上软胶，这样就为活泼好动的学生创造了一个释放天性的场地。

由于茶山二小学生人数较多，除了年级图书馆，我们还在宽阔的转角或两栋楼之间的连接板块安装了软胶垫，将其打造成可以在里面跳跃的场所。为了防止学生之间发生碰撞，我们安排了少先队大队干部轮流在这些地方值守，引导喜欢跳动的学生安全地玩耍，快乐地释放精力。

（三）两全其美

学校提供的玩耍空间，是站在儿童立场进行的创造性设计。我们创造性地为学生营造符合他们爱玩爱闹心理需要的特殊空间，让他们在保证安全的前提下尽情地释放天性。目前，学校各个楼层的图书角、空旷处都设计了课间活动的玩耍空间。设计这些空间，首先要最大限度地消除安全隐患，保证学生的人身安全；其次要充分尊重学生的天性，让学生可以在玩耍空间里面快乐地跳、快乐地玩、快乐地闹。学校鼓励学生在玩耍空间里玩耍，这可以大大地降低学生在走廊、教室等空间里玩耍而造成意外的危险。

安全
玩耍空间

创造性思维：打造安全玩耍空间

有了这些空间，学生不再在狭窄的走廊里跑动，也不再在教室里追逐玩耍。他们都能听从学校安排，自觉地来到安全玩耍空间里有序地跑动、跳动。这里成了一个充满欢乐的儿童乐园。这里还是一个能让学生感到需求被满足、个性被尊重的充满人文关怀的空间。

总有人认为学校就应该是充满琅琅书声的学习之地，却忘了在校园里的都还只是天真烂漫的孩童。与同伴互动玩耍，追逐嬉戏，享受童年的时光才是他们渴望的"珍宝"。现在，茶山二小的课间十分钟充满了欢声笑语，与课堂上的琅琅书声一呼一应，校园恢复了它最原始的样貌，学生也拥有了快乐的童年生活。

经过一段时间的实践，我不仅看到了学生真正快乐的笑脸，还有了意外收获，因为有了安全玩耍空间，学生的天性得以释放，他们更加自觉地遵守学校的规章制度。他们似乎明白了学校的用意，并与学校建立了"相互尊重、彼此爱护"的默契。这种默契不仅有助于学生的成长，也有利于学校的管理和发展。

作为一名校长，我始终铭记教育的初心，那就是保护学生的学习兴趣，给予他们快乐的童年生活。这是我所追求的，也是我一直坚持的理念。

学校能够站在学生的角度为他们着想，自然会得到他们的喜爱和认可。学校并没有对学生实行"霸道的阻止"和"无理的压制"，而是通过设计安全玩耍空间，以十分的诚意让学生去理解"不在走廊、教室内追逐打闹"这一要求背后的良苦用心。安全玩耍空间的设计，让学生在有需要时，可以尽情活跃自己、欢愉自己、释放自己。当学生的天性得到充分尊重后，他们也能够自觉遵守学校的相关规定。这样，可以达到双赢的效果。相信在这个安全玩耍空间里，孩子们一定会留下许多关于快乐童年的美好回忆。

六、阅读小屋，创造性打造学生心灵的教室港湾

读书之乐何处寻，数点梅花天地心。

——翁森《四时读书乐》

为了让学生在教室里也能拥有一个心灵港湾，我为每一间教室设计了阅读小屋。阅读小屋是一个多功能空间，能够满足阅读、交流、心灵栖息、展示宣传、智能学习、教师听课、个性化辅导、情绪调节、家长陪读等多种需求。阅读小屋是一个充满创造力的特色空间，已成为茶山二小的独特风景线，深受师生和家长的喜爱。

（一）我想为学生打造小书屋

教室班级文化建设是每所学校都会关注的重点板块。毕竟，每个班级所塑造的独特文化都是构成学校整体文化不可或缺的一部分。除了用于上课学习，教室还是学生在校生活的重要场所，是学生在学校的"家"。建设教室班级文化，营造舒适温馨的氛围，会让教室更有"家"的味道，会让教室成为学生的心灵港湾。

在传统教室布局中，大约 70% 的空间被用于摆放课桌椅，教室前面需要放置讲台、公告栏和一体机，同时还要给师生出入留足空间。相较而言，教室后方空间的可利用性更大。

首先要思考教室后方的空间可以用来做什么。这个定位很重要，

因为它涉及空间的设计和布置。

高尔基说："要热爱书，它会使你的生活轻松；它会友爱地来帮助你了解纷繁复杂的思想、情感和事件；它会教导你尊重别人和自己；它以热爱世界、热爱人类的情感来鼓舞智慧和心灵。"学校一直以来都致力于书香文化的建设，而班级作为学校的基本单位，也应当积极营造书香氛围。因此，我的设想是在教室后方设立一个专门的阅读空间，放置一些适合本班学生阅读的书籍。在课余时间，学生可以在这里自由地阅读书籍享受阅读的乐趣，从而营造出浓厚的阅读氛围。本质上，就是为学生在充满"家"气息的教室里布置一个小书屋。

（二）书屋的名字叫阅读小屋

从学生视角出发，这个专为学生打造的书屋被命名为"阅读小屋"。为了体现书屋的形象，我们建了两个小屋子的立体造型，两间屋子各配有一张小桌子，小桌子旁边留了两个座位，座位下面是储物格，可以放置书籍。为了增加舒适感，座位均进行了软包处理。两个小屋中间也专门设计了一排软包座椅，座椅下面同样留有数个储物格。阅读小屋的窗户上还安装了一个时钟，方便学生建立时间观念。整个空间的设计别出心裁，色彩明亮，空间感非常强。

中间长排座椅上方有一个大展板，不仅可用于展示学生作品，还可用于德育或文化的普及宣传。整个教室后面的墙体经过立体设计后呈现了一个别样的完整空间。这是一个独立的、半封闭的、个性化的自主学习空间，充满了童趣，既舒适又温馨，深受学生喜爱。

（三）阅读小屋的其他功能

除了是一个阅读空间，我还希望阅读小屋可以成为学生嬉戏交流的场所。在课间休息时，学生可以在此活动，增进彼此的感情。

这个空间还可以成为学生心灵栖息的港湾。当学生遇到问题、困难或不开心的事情，需要一个抒发情绪的窗口时，他们可以在这个相对独立且舒适的空间里调适心情、舒缓情绪。

起初，我还曾设想将阅读小屋打造成一个智能电子阅览室。小屋里的桌子上配备平板电脑，学生可以根据需求使用平板电脑，进行自主学习。这样，阅读小屋就有了另一个附属功能——学生自主学习的智能独立空间。

我们还站在教师的角度，创造性地发散思维，让这个空间在特定的时间里也能服务教师。当教师随堂听课或参加教研公开课时，这个空间可以为听课教师提供舒适的环境条件。此外，教师也可以在这个空间对有需要的学生进行"一对一"的个性化辅导。当教师需要一个空间和学生进行交流的时候，阅读小屋是再适合不过的选择。在上课过程中，常常会遇到这样的情况：有些学生因情绪或其他原因出现扰乱课堂秩序的现象。此时，教师既不能抛下其他学生对该生进行教育，又不能把该生赶出教室，让其离开自己的视线。这时，先把学生安置在阅读小屋里冷静放松，再对学生进行心理疏导，既能随时监控该生的情绪变化，又能保障班级其他学生的正常课堂学习。此时，阅读小屋成了学生情绪调节的缓冲空间。

此外，阅读小屋还可以为家长服务。针对一些有陪读需要的家长，阅读小屋就是他们的休憩空间。在阅读小屋里，家长可以一边观察孩子的学习情况，一边享受片刻的宁静。在孩子有需要的时候也能及时给予帮助。

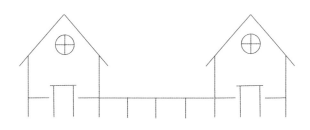

创造性思维：打造多功能阅读小屋

这是一个功能强大且用途广泛的创造性设计。学校为每个班级都配备了这样充满创造力的特色空间。各个班级还可以根据自己班级文化的内涵，对阅读小屋进行个性化的布置。班班有阅读小屋，班班的阅读小屋又不一样。这是一个属于每个班级学生的个性化活动空间。这个温馨又舒适、童趣又美观、创新又实用的空间成为每个班级独特的风景线。不管是教师，还是学生，都对阅读小屋赞不绝口。

第三章
校长领导课程教学的创造力

      校长发挥创造力，认真落实义务教育课程标准，为学生提供丰富多样的课程教学资源，夯实根基，创思兴校。

一、同上一课，创造性推广特色课程的全校普及

知之者不如好之者，好之者不如乐之者。

——《论语·雍也》

为实现特色专长教师教益的最大化，我提出了一种"同上一课"的教学回型模式。该模式旨在让全校学生都能体验、享受特色专长教师的课程。该模式通过多位特色专长教师在"三段倒"的教学回型中共同承担同一门课程，让一至六年级的所有学生都能体验并享受到三位特色教师执教的课程。这种模式要求有特色专长的教师在国家课程所要求的课程标准的基础上融入自己的个人特色专长，实现国家课程和特色课程的有效结合。每个学期末，学校还会为那些学有所长的"特色之星"提供展示自我的舞台，鼓励学得好、有特色的学生勇于展示自己，帮助学生建立强大的自信心，丰富学生的精神世界。

（一）我们有一个雨露均沾的美好愿景

德国教育家第斯多惠说："教师是学校里最重要的师表，是直观的最有教益的模范，是学生的最活生生的榜样。"

作为学校发展的第一资源，教师自然是学校发展的重要一环。茶山二小有很多具有个人特色专长的教师。例如，有的教师擅长武

术，有的教师擅长街舞，有的教师擅长书法；体育专业的教师，有篮球方面见长的，有足球方面见长的，有羽毛球方面见长的……正因为有了这些教师，学校开设的特色课程才更具丰富性。

但是，受到课时学段安排等客观因素的影响，这些有特色专长的教师辐射面并不够广。我们希望能在美术、音乐、体育这三门课程中，充分发挥特色专长教师的教学育人价值，让所有学生都能享受到这些特色专长教师的课程，这是一个雨露均沾体现教育公平的美好愿景。要想让全校学生都能体验、享受这些特色专长教师执教的课程，使所有学生能多方面地发展、有特色地发展，让这些具有特色专长的教师发挥最大的教学价值，把特色专长辐射到全校学生，需要我们创造性地解决一些现实问题。

（二）我们制订了"同上一课"的教学回型

如果全校学生都能享受所有特色专长教师执教的课程，那将实现特色专长教师教益的最大化。这确实是一个值得尝试的好想法。想法很大胆，实践起来效果如何呢？

鲁迅曾说："愈艰难，就愈要做。改革，是向来没有一帆风顺的。"

为了解决问题，我创造性地提出了"多合一"的解决方案。该方案的核心就是由多个特色专长教师共同承担同一门课程，同时课程会根据教师个人的特色专长有所倾斜。

以音乐学科为例，音乐科组的三位教师各有所长，她们擅长的领域分别是演唱、舞蹈和打击乐。学校教导处在排课的时候，会以我们把一个学期平均分为三个阶段。第一阶段，擅长演唱的教师在低学段教学，擅长舞蹈的教师在中学段教学，擅长打击乐的教师在高学段教学。第二阶段，在低学段执教的特色专长教师就要到中学段执教，在中学段执教的特色专长教师就要到高学段执教，在高学段执教的特色专长教师则要到低学段执教。第三阶段，以相同的方式，再调整一次。一个学期下来，每一位音乐教师都会在每个年级的每个班级有过执教经历，在执教过程中，需要在课程中渗透、体现教师的个人特色专长。这就是实现"同上一课"的"三段倒"教学回型。当然，这里的"课"是广义的，指的是学科。

创造性思维："三段倒"教学回型

通过"同上一课"的"三段倒"教学回型，所有学生都能体验并享受到三位特色教师执教的课程。美术和体育学科也采取了同样的模式，三位有特色专长的教师完成一个"多合一"的课程。这样一个学期下来，全校所有学生都能体验三门有特色的课程。

如果某一学科不止三位特色专长教师，还可以在第二学期继续通过"同上一课"的教学回型，让学生得到更丰富的课程体验。如果特色专长教师只有三位，那么第二学期则继续按照第一学期的教学回型执行，这样也可以保障学生学得更扎实。

课时安排方面，不需要增加，也不会减少。我们要求教师在国家课程的课程标准之上融入自己的个人特色专长，使个人特色专长渗透在国家课程当中，形成国家课程和特色课程的有效结合。无论是教学内容，还是教学目标，两者都相互补充、相互丰富。简而言之，国家课程与特色课程的结合，实现了以特色课程为载体来促进国家课程教学目标和质量要求的达成。

（三）我们培养了学有所长的"特色之星"

课程就像一艘船，带领学生在知识的海洋中航行，探索未知、开阔视野；课程也像指南针，引导学生发现自己的兴趣和特长，帮助学生在实现目标的征程中更加自信和从容。

在这些特色课程中，学生能体验到各种有趣和新奇的内容。学生的学习体验丰富了，兴趣特长发展了，综合素质提高了……学生多才多艺，人人都能形成自己的特色，这是学生自信心建立的源泉。

每个学期末学校还会为这些学有所长的"特色之星"提供展示自我的舞台，鼓励学得好、有特色的学生勇于展示自己，帮助学生建立强大的自信心，培养学生丰满的精神世界。教师的个人特色专长是一个"点"，通过影响学生，使学生的个人特色专长形成一个"面"，学生这个特色的"面"带动了学校特色发展的又一个"面"，以点带面，以面带面，影响是连锁的、积极的。

自从有了特色课程后，学生掌握了很多特色技能。有家长反馈，因为学有所长，学生在参与家族聚会时，能大胆地在亲朋好友面前展现自己的特色。他们大方自信、乐观向上，如星星一般闪耀夺目。我相信这就是"多合一"特色课程带给学生最大的收获。同样，我们充满创造性的做法得到了许多兄弟学校的认同和借鉴。

二、特色展演，创造性满足学生追求个性化成长

天生我材必有用，千金散尽还复来。

——李白《将进酒》

为满足学生个性化成长需求，我创造性搭建了特色展演平台。平台分为班级、年级、校级三级，涵盖语言、逻辑数学、音乐、空间、身体运动、人际交往、自我认知等七种智能。特色展演活动包括遴选特色学生、展示特色成果和表彰特色成果等环节。这一系列举措旨在激发学生追求个性化发展，培养自信心和创造力。同时，学校也希望让学生认识到国家开设的所有课程的价值和意义，认真对待每一门课程，成为有特色、有专长的学生。

（一）创造一个"显摆"的机会

落实"五育并举"，旨在让学生实现"德智体美劳"全面发展。除了学好语文、数学、英语，学生还要在体育、美术、音乐、信息技术、科学、综合实践等各方面都能得到充分的发展。

根据哈佛大学心理学家加德纳的多元智能理论，人类具有语言、逻辑数学、音乐、空间、身体运动、人际交往、自我认知等七种智能。每个学生都有自己独特的智能组合，这导致了他们的兴趣、优势和才能的多样性。学校为学生提供一个个人特色展演平台，可以让学生有机会展示其多元化的才能，培养学生的自信心和创造力。

搭建个人特色展演平台有助于学生构建自我认同，发展个人兴趣。当下教育领域倡导所有学科应具有同等地位，都要形成学业质量成果。学生在特色学科里学有所成之后该如何展示其学习成果呢？这是摆在我们面前的一个问题。

为此，学校召开行政会议，通过讨论，大家一致认为需要搭建一个特色展演平台供学生展示特色成果。通过搭建平台来激发学生追求个性发展和特色发展的意义是深远的。为此，我还提议，每学期都要举办一场特色学生展示活动，这不仅是一个让学生展现自我、发挥个性的平台，更是一个挖掘学生潜能的机会。这个活动给予学生一个展示他们独特学习成果的舞台，使他们能够充分展现自己的才华和天赋。通过这样的展示，学生不仅能增强自信心，还能培养出阳光、快乐、健康的学习心态。

（二）提供一个"动静"结合的展台

关于特色展演活动的开展，共有三个方面的内容：

首先，遴选特色学生。按先后顺序，我们分为班级遴选、年级遴选和校级遴选共三级遴选。

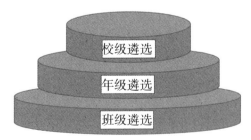

创造性思维：三级遴选

凡是有特色学习成果的学生，首先需要向班主任提出申请，进行特色学习成果鉴定。他们需要提交与特色学习成果相关的材料，并说明自己要展示的特色学习成果内容。例如，在音乐或舞蹈方面有特色的学生，需要提交一份音乐作品或舞蹈视频；思维能力较强的学生，可以提交比赛获奖证书或进行现场展示；在体育方面有特长的学生需要提供比赛获奖证书或录制一段运动视频；在语言方面有特长的学生需要提交书面文字稿、口语表达与演讲、自己编制的戏剧或与同学一起表演的语言艺术类节目等特色成果材料。

不管在什么领域，只要有特色，能形成特色学习成果，都可以向班主任提交。班主任将学生递交的特色学习成果遴选材料推荐给年级，年级遴选后再向学校推荐。

其次，展示特色学习成果。学校在遴选出一批具有特色学习成果的学生之后组织开展第二个活动——学生特色学习成果展演。学生的特色学习成果，或动态，或静态，"动静"结合，所以展演活动热闹非凡。

学校利用一个下午或一整天的时间，面向全校学生，展示学生的特色学习成果。特色学习成果分动态和静态两类。对于动态类特色学习成果，例如舞蹈、音乐、体育等，都需要在现场进行特色展演。如果特色学习成果呈现为静态，也会根据实际情况，要求学生在现场展示其作品创作的过程。

当更多学生欣赏、体验到其他同学的特色学习成果之后，培养自己特色的学习欲望和内在驱动力就会被无限激发。我们希望每个学生都可以根据自身条件和优势，挖掘潜能、发现兴趣、发展特长；每个学生都能有自己的特色项目，学习了这些特色项目后都可以在学校提供的展台上充分展示自己的特色学习成果。

最后，表彰特色学习成果。学校以学生的发展为中心，如果只是遴选特色学生并为学生提供特色展演的平台热热闹闹地完成一场活动，显然还不够。站在学生成长需求的角度，评价是构成完整的特色展演活动的重要一环。特色展演结束后，学校会为获奖学生颁发奖状、奖章，帮助学生进一步提高自我认知，增强学习和成长的动力，促进个人更全面地发展，在将来能更好地实现自我价值和目标。

在校级平台进行特色学习成果展演的学生，学校还会进一步作推荐和展示。例如，举办面向全体家长的特色学习成果展演活动，邀请电视台进校录制，面向社会展示学生的特色学习成果。这样的展演，能够起到宣传、弘扬、发展学生个性特长的作用，让拥有特色的学生能够站在更多的平台展示自己，进而建立更加强大的自信心和更加积极向上的心态。

遴选特色学生、展示特色学习成果、表彰特色学习成果，学校这一系列举措的目的是希望让学生有新的认识：除了要重视语数英的学习，也要认识到国家开设的其他课程的价值和意义。每一个学生都需要认真学习，每一门课程都需要认真对待。只要学生在某方面有特长、有特色，都可以大胆展示，形成个性化的特色学习成果。将来，这些学生还可以充分发挥自己的天赋，朝着自己的特色或优势方向发展，成为有特色、有专长的学生。

（三）塑造一个有趣的灵魂

一个人的兴趣特长，可以让他发现自己的独特性，从而使他更加热爱生活、热爱生命；一个有趣的灵魂能够成就不一样的人生。

学生的特色专长实际上也可以成为学生生活的一部分。在家庭聚会时，学生可以自信地展示自己的特色学习成果。学生的特色是具有个人属性的，甚至可以成为个人的品牌。这样的个人品牌还有可能成为学生未来的就业选择，甚至发展为他们奋斗终身的职业。因此，挖掘学生的兴趣、特长和天赋，让学生集中精力使自己的优势取得长足发展，对学生的成长意义深远。

茶山二小推出的学生特色学习成果展演活动已经开展了三年，每次活动都会给人带来巨大惊喜。我们深感学生的兴趣爱好是如此广泛，他们的潜能无穷无尽。当学生的天赋得到充分释放，特色发展成为可能，这是一件多么美妙的事情。这不仅能激发学生追求更高的目标，还能让他们更加乐观、自信和阳光，对未来生活充满无限憧憬。可以说，自小学起，我们的学生就开始构筑自己的未来，并在创造中不断成长。

三、ＡＩ作业，创造性减轻科任教师的工作负担

苟日新，日日新，又日新。

——《礼记·大学》

为减轻科任教师的工作负担、提高教学效率，我提出要创造性使用 AI 作业。AI 作业系统通过高速扫描仪自动识别学生作业内容，生成批改结果和个性化数据分析，帮助教师了解学生的学习情况，进而调整教学。AI 作业成为创新案例，得到上级部门认可，许多学校前来观摩学习。

（一）AI 作业助力减负增效

中国人民大学彭兰教授说："无论未来还会发生哪些变化，一个基本前景是，未来的世界是人机共存的世界，人不再是世界上唯一的主宰者。未来人类的命运，不仅取决于人如何认识自身，也取决于人如何认识机器，以及人机关系。"

社会场景中应用人工智能来完成一些工作已经成为再平常不过的事情。例如，高速路口应用人工智能实现了自动识别车辆和自动收费功能，减少了高速路收费员的工作量，提高了工作效率。

随着人工智能技术的迅猛发展，其在教育教学领域的应用前景与推广潜力引发了我的思考。如何运用人工智能，减轻教师的工作

负担提高他们的工作效率进而推动学校的高质量发展，是我一直思考的问题。

在教师的日常工作中，批改作业是一项很重的任务。每位教师每天至少要批改 100 份作业。这一任务十分耗费教师的精力。当教师遇上其他工作或者有紧急事情需要处理时，就会出现作业批改不及时、学习效果反馈滞后等问题。特别是当教师因家里遇到事情而要请假时，上课的问题还可以协商处理，但作业的批改就是一个非常大的难题。因此，如何利用人工智能技术助力教师高效批改作业减轻其工作负担，确实是需要我们深入思考的问题。

我关注到科大讯飞公司研发了一套利用人工智能识别文字符号的系统，于是我想将其引用到教育教学工作中，看看能否利用其自动识别、自动判断和自动分析功能帮助教师完成日常作业的批改。于是我联系了科大讯飞公司。巧合的是他们也立项了相关项目，正在寻找学校共同推进，探讨如何研发能辅助教师批改作业的人工智能系统。

我们提出的要求是不改变学生做作业的样态，学生仍旧使用普通纸笔完成作业。为此，科大讯飞公司研发了一款高速扫描仪，用于扫描学生作业。然后，AI 作业批改系统就能自动识别学生书写的内容，并自动判断学生作业的正确情况。这样，教师只需收集并使用高速扫描仪扫描学生作业，平台就能准确地作出评判。AI 作业批改系统的效率实在惊人，整个过程甚至不需要一分钟即可完成，大大减轻了教师的工作负担。如此一来，教师可以有更多的时间专注于教学活动和专业成长。

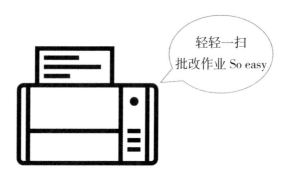

创造性思维：AI 助力减负

（二）AI 作业实现个性化分析

除了快速准确地批改作业，AI 作业批改系统还具备强大的数据分析功能。该系统可以对全班学生的作业情况进行整体的数据分析，精准地揭示每道题目学生的错误率以及错误的具体内容，进而定位到相应的知识点。这样，教师可以迅速了解学生在哪些知识点上存在普遍问题，进而制订相应的补救措施。此外，AI 作业批改系统还能为每个学生生成个性化的反馈报告。报告详细列出了学生作业中存在的问题，同时还会提出改进建议。

AI 作业批改系统的引入不仅减轻了教师批改作业的工作负担，还可以帮助教师及时了解学生的学习情况。该系统的数据分析精准而细致，既有个性分析，又有共性分析。教师可以从具体的数据分析中，清晰地了解学生对知识点的掌握程度，精准地把握学生在学习过程中遇到的困惑，继而有针对性地帮助学生巩固知识点。

因为学校推动优师计划，有些教师需要承担 3 个班甚至 4 个班的教学任务，他们批改作业的工作量非常大。想要优秀教师的教学成果能够惠及更多学生，同时又不给教师增加额外的负担，运用现代技术赋能教学是最好的选择。有了人工智能的加持，教师就能快速获得学生作业的批改结果和详细的数据分析。这种个性化的数据分析不仅减轻了教师在作业反馈方面的工作负担，还为教师根据学生的具体情况进行个性化辅导提供了依据。

对于学生而言，AI 作业批改系统的意义在于让学生能通过属于自己的个性化数据反馈，了解自己在学习方面存在的不足。每个月，教师还会整合学生各个学科的个性化数据分析反馈，形成学业报告单，以便学生和家长全面了解学生的作业情况。这样的做法，能够帮助学生及时了解自己的优势和不足，真正地实现个性化指导和反馈。

（三）AI 作业成为创新案例

人工智能技术为学校的教育教学贡献了不可替代的智慧和力量，极大地减轻了教师的工作负担。它以学生为中心，为个性化教育提供了强有力的支持。这是茶山二小在教育评价改革方面一个很大的尝试。我们的教育评价改革项目得到了上级部门的充分认可。教育部和广东省教育厅专门到我校调研，希望能全面推广这种做法，让更多学校通过信息技术改善教育教学工作的传统样态，提升教育教学效果，助力学生个性化发展。

　　许多学校的校长带领学科骨干教师来茶山二小观摩学习，希望将人工智能技术引入到自己学校的教育评价改革中，以真正实现减轻教师工作负担、促进学生个性化发展的效果。我提出这个想法的初衷是帮助教师减轻工作负担，但没想到它带来了更多的教育价值。茶山二小的实践，对其他学校利用信息技术辅助教学起到了很好的示范引领作用，得到了很多兄弟学校的高度认可。这种做法也在很多兄弟学校得到推广应用。

　　人工智能技术具有无限潜力。后续，我们将继续探索如何利用人工智能技术在教育教学方面实现更多创新。

四、以创促学，创造性变革课堂教学的创新样态

疑者，觉悟之机也。一番觉悟，一番长进。

——陈献章《白沙语要》

为培养学生创造性解决问题的思维和能力，我提出了"项目化·创中学"教学模式。该模式包含四个方面：问题导向、技术赋能、主动学习和个性发展。在"项目化·创中学"教学模式下，教师引导学生在真实情境中解决问题，培养学科核心素养。该模式符合国家课程改革的理念和精神，学校已在探索路上，未来将继续前行。

（一）"项目化·创中学"，践行理念之需求

茶山二小以"童创教育"为办学理念，旨在培养学生创造性解决问题的思维和能力。然而，要真正落实"童创教育"的理念，还需要在课堂教学中进行贯穿和落实。那么，要建构一种怎样的教学模式，才能在课堂这个学生发展的重要阵地践行我们的办学理念呢？

培养学生创造性解决问题的思维和能力，是顺应时代发展需要的。可是，传统的教育教学方法在客观上制约了该培养目标的实现。建构一种教学新模式是实现"童创教育"理念培养目标的基础。既然要培养学生创造性解决问题的思维和能力，那么所建构的教学模

式就应该体现"让学生在创造性解决问题的过程中学习"。学生在学习的过程中发展思维、提升能力。我把这样的教学模式称为"项目化·创中学"。该提法得到了全校教师的支持,大家都认为"项目化·创中学"与学校的"童创教育"理念一脉相承。于是,"项目化·创中学"教学模式,成为在课堂教学中培养学生"创造性解决问题思维和能力"的重要切入口。

(二)"项目化·创中学",品质课堂新路径

2019年,我们最先提出的是"创中学"教学模式。"创中学"教学模式具有怎样的教学思想?实际上,它包含四个方面的内容。

第一,问题导向。我们希望在课堂教学中培养学生创造性解决问题的能力。在"创中学"的课堂上,问题的设置尤为关键。在每节课中,教师会根据教学内容选择一个核心问题,并引导学生想办法解决。问题导向是"创中学"教学模式的重要底色。

第二,技术赋能。面对需要解决的问题,学生往往难以立刻想到解决问题的方法和路径。这些问题于学生而言,是需要突破的,是学习的难点,学生还欠缺解决这些问题的能力。因此,教师需要为学生的学习提供支架。所谓技术赋能包含很多方面,其中较为有效的方法有多媒体技术、信息技术以及方法路径的技术指导等。技术赋能是学生创造性解决问题的必备工具。如果说问题导向是"创中学"课堂的起点,那么技术赋能就是"创中学"课堂的"弹簧垫",是学生解决问题的重要推手。

第三，主动学习。问题导向和技术赋能是从教师层面为培养学生创造性思维和能力所搭建的支架。从学生层面来看，学生自身具备自主意识也是"创中学"课堂的重要组成因素。学生需要在课堂上充分发挥主观能动性，积极主动思考，这样将有利于问题的解决，有利于学生创造性思维和能力的培养。因此，主动学习是"创中学"教学模式的重要催化剂。

第四，个性发展。学生能够实现创造性地解决问题，是"创中学"教学模式的归宿。不同学生解决问题的方法、程度和效果会有差异，因此我们需要特别注重对学生个性发展的引导。在解决问题的过程中，学生可以承担不同的角色，既可以是问题解决的主要贡献者，也可以是问题解决的参与者，甚至可以是暂时还不能解决问题的困惑者。不同个体的问题解决结果不尽相同，却也无碍，这本就是符合教育规律的。学贵有疑，只要学生在学习的过程中能保持一种积极主动思考的状态，教师在"创中学"课堂上都会尊重这些具有不同基础和发展能力的学生，保护学生的个性都能得到发展。

问题导向、技术赋能、主动学习和个性发展，这就是"创中学"教学模式所包含的四个方面的教学思想。评课时，评课者会从问题导向和技术赋能两个方面观察教师的"教"；从主动学习和个性发展两个方面观察学生的"学"。无论是教师的"教"，还是学生的"学"，"创中学"的课堂目标都很明确：希望每个学生在每节课中都能在解决问题的过程中完成学习，思维和能力得到培养。

"创中学"是学校在课堂落实"童创教育"理念的一种策略探索。为了加强"创中学"的课堂教学效果，我们对"创中学"做了进一步优化，提出了"项目化·创中学"。我们希望需要学生解决的问题不是一个简单或随意的问题，而是一种在项目式学习中所产生的问题。项目式学习是一种在真实情境下，以来自学生的真实问题作为学习任务的驱动，以学生为中心，以探究为基础的一种主动的学习方式。

项目式学习的理念和做法与茶山二小所探索的"创中学"教学模式是高度契合的。因此，我们希望每一节课都能够形成一个微型的项目式学习。教师以"学生在真实情境下所产生的真实问题"为导向，通过技术赋能引导学生主动学习实现个性发展，这就形成了茶山二小"教有创新、学有创造"的"项目化·创中学"品质课堂教育路径探索模式。

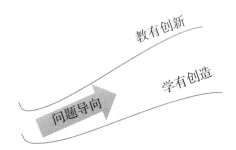

创造性思维：品质课堂新路径

"项目化·创中学"教学模式的实施分为几个环节：首先，明确本节课需要解决的问题，这是项目导入环节。接下来，明确解决问题的方法和工具，这是项目的准备阶段。然后，着手解决问题，这是项目的实施环节。之后，展示问题的解决成果，这是项目展示环节。最后，通过类推相似问题进行学习的迁移与运用，这是项目的拓展环节。整个流程以"项目化"为理论指导，以"创中学"为实践指导。

在"项目化·创中学"教学模式中，我们非常注重在学生的学习过程中渗透学科核心素养。每节课，教师以真实情境下产生的真实问题为引导，激励学生积极思考、主动学习并尝试创造性解决问题，培养学生的创造性思维和能力；同时，教师也会有意识地将学科核心素养渗透在教学过程中，并以技术赋能助力学生核心素养的培养。

因此，"项目化·创中学"教学模式在茶山二小的探索，既是基于学校"童创教育"办学理念之下教学方式的变革，更是基于学科核心素养在课堂教学中目标落实的现实需求。

（三）"项目化·创中学"，我们早已在路上

在实施"项目化·创中学"教学模式两年后，教育部印发了2022年版义务教育课程方案和课程标准。在新修订的课程方案中强调要变革育人方式，突出实践，倡导"做中学""用中学""创中学"。"创中学"教学模式成为一种导向，成为一种倡导课堂变革的方式，这充分体现了我所提出的"教有创新、学有创造"的"项目化·创中学"教学模式是符合时代发展需求的，是符合当下国家

课程改革精神的，更是符合国家人才培养需要的。这也充分说明，学校这些年的探索是非常有意义、有价值的，值得我们继续潜心钻研和推广应用。

"项目化·创中学"教学模式还强调成果导向。课堂从"问题"出发，最终也应该回归"问题"，确保问题得到创造性的解决。因此，每节课都应该形成一个小成果。这个成果可以是思维层面的，也可以是创作层面的，还可以是方案层面的。也就是说，无论采用哪种方式解决问题，都应该形成一个成果。

相较于 2011 年版的义务教育课程方案和课程标准，2022 年版的义务教育课程方案和课程标准在学习质量标准方面也发生了重大变化。过去强调学生对知识点的掌握，如今强调提升学生解决问题的能力。这和茶山二小"童创教育，提高学生创造性解决问题的思维和能力"的理念又是高度契合的。在"项目化·创中学"课堂中，教师以学生每节课的成果即问题解决的情况作为检验学生学业质量的标准。目前，茶山二小各科组都在积极推进"项目化·创中学"教学模式的探索和尝试，希望基于这种教育模式，学校能有效培养学生创造性解决问题的思维和能力，不断强化学生迎接未来挑战的核心竞争力。

五、课前展示，创造性搭建学生自信的表达平台

一人之辨胜于九鼎之宝，三寸之舌强于百万之师。

——刘勰《文心雕龙》

　　为了给学生提供一个自信表达的平台，我创造性地提出课前五分钟演讲与表达的微课程安排。通过轮流上台演讲的方式，锻炼学生的口头表达能力，增强其自信心。"课前 5 分钟演讲与表达微课程"涉及所有学科，展示内容与教学内容相结合。学校正在积极研究如何将这门微课程打造成一个贯穿所有学段的纵向体系，实现每个学生从低学段到高学段逐渐掌握不同的表达能力和表达技巧，提升综合素养。

（一）课前五分钟

　　戴尔·卡耐基说："一个人的成功，有 15% 取决于技术知识，另外 85% 则取决于他的口才。"

　　所谓"口才"，其实就是语言表达能力。良好的语言表达能力是一个学生核心素养的重要体现。然而，很多学生的口头表达能力及舞台表现能力是有缺陷的。一方面，他们缺乏锻炼机会。其实每个学生都有很多想法，但是我们总是认为他们不够完美，在一些大舞台上通常会选择一些较为突出的学生上台展示，导致其他学生没

有机会锻炼。渐渐地，一些原本期望展示自己的学生不再期望舞台，甚至他们逐渐难以将自己的想法完整又清晰地表达出来。另一方面，他们也缺乏自信，由于长期缺乏展现机会，他们容易陷入自我否定的误区，害怕自己的失误被别人嘲笑，导致在公共场合表达时缺乏自信。

我们希望学生拥有足量的输入，同时更希望学生能够有大量的输出。目前所见，尽管学生的书面表达能力较强，但口头表达仍然相当欠缺。事实上，谈吐自信大方、表达清晰流利是学生未来实现精彩人生的重要基石。所以无论从哪个层面考量，都应该非常重视且倡导教师在每一节课中为学生提供表达的机会，并教导他们如何有效表达。然而，现实情况是每节课的时间都相当有限，导致在许多课堂环节中，学生缺乏表达的机会。因此，我们需重点思考两个问题：如何在不增加课时的情况下，充分利用每节课的时间？如何创造性地搭建一个平台，使每个学生都能学会表达、尝试表达、勇于表达？这两个问题的核心，归根结底，就是解决"什么时候做"与"怎样去做"的难题。

我之前在其他学校担任校长时，曾采取了一项措施，那就是让每个学生轮流上台发言，以锻炼他们的表达能力。实践证明，这一措施效果显著。我与学校行政人员进行了深入的讨论，希望在茶山二小也能搭建一个类似的平台。我的想法得到了他们的支持，我们很快便达成共识。关于"什么时候做"的问题，我们的设想是教师从每节课的开始阶段抽出 5 分钟时间，专门用于提升学生的口头表达能力。通过这种方式，不仅可以提高学生的口头表达能力，还能增强他们的自信心，使他们能自信大方地向公众表达自己的想法。我们的目标是培养出阳光自信、善于表达的学生。我们把腾出来的 5 分钟，称为"课前 5 分钟"。

（二）打造微课程

解决了"什么时候做"的问题，接下来要着力解决的是"怎样去做"的问题。

总体思路就是要在课前 5 分钟为学生创建一个表达平台，打造一个"演讲与表达"的微课程。这个微课程面向全校，所有教师要在课前 5 分钟创建一个引导学生上台表达自己的平台。为了不影响教师的教学任务，"课前 5 分钟演讲与表达微课程"可以根据学科教学任务的需要，和接下来的 35 分钟教学内容有机结合。这样，学生表达的内容与教学内容就会紧密相关。教师还可以发挥自己的教育智慧，让这 5 分钟的展示成为新授课的"导入"或"引子"。这样，既满足教师的教学需求，又为学生提供了一个锻炼和展示自己的机会。

课前 5 分钟

学生课前展示
＝
教师新课导入

创造性思维："双向奔赴"

在实践的初期，我们对学生的要求并不高。我们首先希望看到的是学生敢于站上讲台，面对全班同学发言。即使一开始学生只能讲三两句话也没关系，只要他们能够迈出第一步，接下来的事情就会顺理成章。每次课前5分钟，学生轮流上台表达自己的想法和感悟，或讲述一个有趣的故事，或分享一次难忘的体验，内容形式多样，不拘一格。

我们的首要目标是鼓励学生敢于表达。许多学生在面向全班同学发言时，会显得局促不安、紧张不自在，手不知道怎么放，眼睛也不知道看哪里，说话支支吾吾。因此，我们首先要求学生能够自信地站在讲台上，完整地表达自己的想法。在此基础上，我们进一步要求学生学会如何清晰、准确地表达自己的想法。这就需要教师有意识地训练学生，使其能够把话讲清楚、讲明白。最后，我们希望学生还能掌握一定的表达技巧，站在听众的角度，让自己的"讲"更具吸引力，让听众愿意听并且听得开心。

5分钟的课前展示不仅锻炼了学生的口头表达能力，还培养了他们的演讲礼仪。随着学生逐渐习惯上台表达自己的想法，他们开始观察、模仿其他同学的表达方式。在教师有意识的训练和指导下，学生不仅在每一个课前5分钟的展示实践中逐渐变得自信、大方、阳光，他们还勇于在公共场合畅谈自己的想法。这正是我们一直以来的追求：培养出阳光自信、善于表达的学生。

"课前5分钟演讲与表达微课程"是为培养学生综合素养所打

造的一个微课程。一个看似短小的微课程，却能起到很大的作用。通过这个微课程，学生掌握的是一种参与未来社会所必需的技能，即口语表达能力。这不仅是对学生语言能力的锻炼，更是对他们思维能力的培养。从另外一个角度来看，勇于挑战自己，勇于尝试不可能的事情或自己以前办不到的事情，其实也是核心素养所需要的一种关键能力。

"课前 5 分钟演讲与表达微课程"是一门需要所有教师关注的微课程。在实施之初，我们遇到了很多困难。比如许多教师担心这5 分钟会占用课堂教学的时间。但实际上，我们推动"课前 5 分钟演讲与表达微课程"的初衷是提升学生的综合素养，将他们培养成阳光自信、乐于交流、善于表达的高素质人才。这与教学目标是高度一致的。为了打消教师的顾虑，我们需要对微课程进行精细化设计，使其与学科教学内容产生联系。同时，把"课前 5 分钟演讲与表达微课程"作为一门普及性特色课程，形成教学资源，帮助教师了解如何运用好课前 5 分钟来训练学生的表达能力和表达技巧。当教师对微课程有了更深入的认识，并得到了实施课程的资源时，他们就知道如何用好这课前 5 分钟。这样教师再去实施微课程就不再感到困扰或觉得是一种负担。

我们正在积极研究如何将这门微课程打造成一个贯穿每个学段的纵向体系，帮助每个学生从低学段到高学段逐渐掌握不同的表达能力和表达技巧，让学生的学习过程有标可依、有标可循。这样，随着学生逐渐长大，步入社会时他们已经拥有了一项非常关键的社交技能，即如何与他人交流以及如何将自己的想法精彩地表达出来的能力。

（三）变化正发生

教师教了不等于学生学了，学生学了也不等于学生学会了。在"教一学一评"一体化的视角下，学校还对"课前 5 分钟演讲与表达微课程"建立了评价机制。评价的主体既有学生，也有教师。评价的内容也是多元的，既针对主讲学生在微课程上的表现，也针对教师对微课程的组织和落实。以评价为导向，一方面是促进学生，另一方面是促进教师，有评价就会有反思，就会有改进，就可以再实施。

我们的做法在实践中不断完善，很多学校也借鉴我们的做法。为学生创造性地搭建一个平台，给学生锻炼、体验和提升的机会。这 5 分钟的微课程撬动的是学生的综合素养，它直接指向的是学生的阳光自信、勇于表达。以小见大，看似不难却也不容易。虽然该微课程只有 5 分钟，但它却是真真切切地改变了学生的整体精神面貌。

如今，我们的学生敢于提出问题，愿意分享自己的想法，表达的过程能够聚焦主题，条理清晰，大方自如。这样的变化，是发生在"课前 5 分钟演讲与表达微课程"实施之后。学生举手投足间尽显阳光活力、自信大方。这样的气质和状态常常得到校领导、专家、来宾的点赞好评，并给他们留下美好而深刻的印象。课前展示，搭建的是学生自信表达的平台，培养的是阳光的学生、活力的学生、自信的学生、善于表达的学生。"课前 5 分钟演讲与表达微课程"已成为茶山二小又一张闪闪发亮的名片。

六、六大常规，创造性培养学生课堂学习优能力

少成若天性，习惯如自然。

——孔子，语出贾谊《新书·保傅》

为培养学生良好的课堂学习习惯，提高学习效率，我创造性地提出了课堂六大常规：课前展示、举手回答、专心听讲、坐姿端正、善于思考、积极参与。这六大常规旨在为学生将来挑战更高难度的学习打好基础，与八大习惯既相互呼应又各有使命。习惯养成和习惯内化存在密切的关系，习惯养成需要通过反复练习来建立和巩固。课堂六大常规好习惯的培养为学生迎接更复杂、更艰难的学习挑战打好坚实基础，是一种既着眼当下又立足未来的学校管理的创新举措。

（一）习惯养成在课堂

陶行知先生说："思想决定行动，行动养成习惯，习惯造就性格，性格决定命运。"

小学阶段，学生良好习惯的养成是学校教育的重要内容。除了要培养学生养成良好的行为习惯，还要注重培养学生的学习习惯。茶山二小非常注重学生课堂良好学习习惯的养成。学生养成良好的课堂学习习惯，既有助于提高学习效率，更能为将来挑战更高难度

的学习打好基础。那么,学生需要培养哪些良好的课堂学习习惯呢?
这是需要校长认真规划的顶层设计内容。

我曾担任过几所学校的校长,也担任过学科的名师,是实实在
在从一线教学中成长起来的。因此,我深知在课堂教学中,学生养
成良好学习习惯的重要性,这是学生取得良好学习效果和教师获得
良好教学效果的重要前提。

(二)课堂践行六大常规

根据多年的实践经验,我创造性地提出了学生课堂习惯养成的
六大常规。这六大常规既是对学生在课堂学习中的六项要求,更是
学生在课堂学习中需要努力养成的六项好习惯。

1. 课前展示

这与"课前5分钟演讲与表达微课程"相呼应。比起毫无准备
地被动听老师讲课,我们更希望这能成为学生的一种常态意识。实
施课前展示是因为我们希望学生在课前能够得到一个锻炼表达、树
立自信的平台和机会。学生轮流上台展示他们的感悟、心得或体会,
有助于学生培养良好的表达能力和树立强大的自信心。学生通过课
前展示,可以形成阳光的心态,以及敢于表达和与他人交流的能力。

2. 举手回答

为什么要把举手回答作为课堂学习习惯的常规来抓呢?这样的
考虑其实是基于对个体化学习和集体化学习的认识。班级里有几十
个同学,大家需要在一定的秩序下参与学习才能取得一定的学习效

果，教师也需要在一定的秩序下引导学生开展学习活动，才能保证教学效果。因此，在上课过程中，如果教师提出问题后没有一定的规矩来调节、约束或引导学生回答，整个班级就会出现七嘴八舌乱哄哄的现象。大家你一言我一语，各说各的，我听不到你说什么，你也听不到我说什么。所以，举手回答是学生在课堂上必须遵守的学习要求，更是学生必须养成的良好习惯。无论是回答教师提出的问题，还是学生自己有想法要表达，先举手，得到教师的同意后方可发言。否则，课堂教学秩序将会受到严重影响，其他学生的学习也会受到干扰。我们经常看到，有些教师不注重引导学生养成举手回答的习惯，学生即兴回答，甚至抢答，导致课堂变得混乱。这样的课堂秩序是不理想的。我们需要在课堂里形成良好的学习氛围，大家有序地开展各项学习活动。

举手回答这种看似不起眼的课堂学习习惯，实际上蕴含着学校在课堂常规管理中对学生素养培养的一种用心的细致追求。

3. 专心听讲

除了共同维护良好的课堂秩序，我们还希望发言的学生能够得到充分的尊重，没有发言的学生可以专心听讲。因此，我们提出的第三个课堂常规是专心听讲。专心听讲是必须向学生强调的重要课堂学习参与要求。如果学生在课堂上不能专心听讲，其学习效果会大打折扣，学习效率低下，学习兴趣减弱。

专心听讲是要求学生在课堂教学时间内尽可能保持专注度，并跟随老师的思维积极参与整个学习过程。专心听讲的良好学习习惯是一种重要品质，而且是一种会正向迁移的品质。学生对老师能够做到专心听讲，也就能对发言的同学做到专心听讲。专心听讲、善于倾听不仅是对他人的尊重，也是每个学生必不可少的学习能力。

4. 坐姿端正

为什么要强调坐姿端正呢？这涉及几个方面的考虑：首先，从生理的角度来看，如果学生坐姿不端正，歪歪斜斜地趴在桌子上，对于他们尚未成型的脊柱可能会造成影响，导致脊柱侧弯，严重地影响到学生的脊柱发育和身体健康。其次，从心理的角度来看，坐姿不端正容易导致学生上课分心、开小差，学生的学习效率会受到极大的影响。只有坐姿端正，学生才能专心听讲。因此，坐姿端正是学生专心听讲的前提和保证。

我们对学生提出这样的课堂常规要求，不仅仅是为了规范课堂纪律，更重要的是为了引导学生通过习惯的养成，培养善于坚持和自我约束的意志品质。当学生能够在课堂上始终保持坐姿端正，这意味着他们需要不断地自我提醒和自我约束，这就要求学生具备较强的自控能力。因此，能够保持坐姿端正的学生，其专注度肯定很高，同时他们的自我约束能力和自我管控能力也非常强。对于学生而言，这种习惯养成的过程就是一种自我约束力和自我控制力的练就过程。这样的能力，对学生的一生而言具有巨大而深远的意义。

5. 善于思考

孔子有云："学而不思则罔，思而不学则殆。"学习和思考是辩证统一的关系，两者密不可分。学生养成善于思考的学习习惯是他们在新时代不可或缺的关键能力，是重要的核心素养，更是迎接未来挑战的核心竞争力。我们鼓励学生主动思考老师提出的问题，积极参与课堂讨论，发挥自己的主观能动性，主动投入到问题的探索中，形成自己的观点和看法。这样的思维训练对他们的成长至关重要。因此，在日常的课堂教学中，教师需要不断提醒学生多思考，引导他们养成积极思考的习惯。

此外，我们还要引导学生掌握一些思考的方法。这应该成为教师备课时不可忽视的重要环节。教师肩负着引导学生以不同方法、多角度、多层次思考问题的重任，帮助学生形成全面、深入的思维习惯。在教学过程中，教师应鼓励学生跟随课堂内容展开思考，让思考成为学习过程中的常态。这样，不仅能显著提升学生的学习力，更能培养他们创造性解决问题的能力。

6. 积极参与

现代教育学之父杜威倡导"做中学"，强调学习需要实践体验的强化。陶行知先生说："人有两个宝，双手和大脑。"茶山二小这些年也一直积极探索"教有创新、学有创造"的"项目化·创中学"教学模式。在小学教育教学中，教师会在课堂上组织很多学习活动。这些活动需要每个学生都积极参与，只有这样，学生才能在活动中有所成长、有所收获。因此，我们强调在课堂教学活动中不能让学生成为旁观者或局外人，而应确保学生是课堂的中心，让他们积极参与其中。只有这样，学生的潜能才能得到充分的激发和释放。

积极参与，不仅是对学生学习上的要求，也是对教师教学上的要求。教师在组织教学活动时，需要有意识地引导学生积极参与，这样才能确保教学活动的有效开展，使学生真正受益。如果学生只是被动地参与，那么他们就无法真正发挥自己的主观能动性，更无法取得良好的学习效果。

创造性思维：课堂六大常规

（三）习惯内化成自然

习惯养成和习惯内化存在密切的关系。习惯养成是习惯内化的基础，良好的习惯需要通过反复练习来建立和巩固。只有当一种良好的习惯变得自然而然、无须外力提醒便能自发地展现时，它才算真正地内化成自然行为。

如果学生能够养成良好的课堂学习习惯，那么他们在学习效果、能力与方法等方面将迎来质的蜕变。课堂六大常规好习惯的培养为他们应对未来更复杂、更艰难的学习挑战打下了坚实基础，更是他们通往成功的关键。作为一种富有创意的学校管理策略，课堂六大常规既立足于当前教育实际，又着眼于未来发展。这些课堂学习习惯，本质上是一种学习能力，是适应未来社会发展的核心竞争力。我相信，课堂六大常规习惯内化成自然之日，其教育价值就会被无限激发。

第四章
校长引领教师成长的创造力

　　校长发挥创造力，建立健全教师专业发展的制度，关注每一位教师的发展，加强青年教师培养，筑牢堡垒，创建强校。

一、优师计划，创造性推动骨干教师订单式培养

学，然后知不足；教，然后知困。知不足，然后能自反也；知困，然后能自强也。

——《礼记·学记》

"优师计划"是一种创新性的师资培养方案，旨在打破传统师资结构配置培养优秀青年教师。该计划通过创造性地调整师资结构配置，让青年教师在不担任班主任的情况下，多承担一个班的教学任务，从而实现快速成长。同时，学校聘请名师进行"一对一"订单式培养，以激发青年教师的积极性，并优先考虑其参与各类评优评先活动。"优师计划"实施后，学校的整体教学质量得到显著提升，而那些优师培养对象均成长为镇里甚至市里的骨干教师。

（一）配置创造性重构：重构"专 +1"师资模式

过去，茶山二小的整体教学质量在全镇排在倒数，学校师资面临着一些结构性问题。

在传统师资结构配置方案中，小学阶段的教师分工通常较为固定：语文老师负责一个班，数学老师负责两个班，英语老师负责三个班，如有需要他们还要兼任班主任。如果按照传统 1：19 的师生比例，配置完语文、数学、英语老师，再配上部分体育、美术、音

乐老师，就没有名额再配置如道德与法治、科学、综合实践活动等科目的专职教师。传统的解决办法是让语数英教师兼任这些课程，但这种方式在实际操作中暴露出诸多问题。由于这些教师需要同时处理多个学科的教学任务，往往难以兼顾，导致多数情况下只是机械地完成教学流程，而非真正地投入教学。在这样的教学方式下，很难实现良好的教学效果。因此，在"五育并举"视域下，这种传统师资结构的不平衡对小学阶段学生的全面发展非常不利。

在小学阶段，要想很好地落实国家义务教育阶段的各门课程，并确保所有课程达到理想的教学效果，依靠传统的师资结构配置方式是无法实现的，或者说实现起来极为困难。正如叔本华所言："世界上最大的监狱是人的思维。"如果我们一味地固守陈旧的思维模式，无疑是将自己囚禁在思维的牢笼之中。为了从根本上解决长期存在的传统师资结构问题，我提出了一个富有创新性的"优师计划"。

什么是"优师计划"？"优师计划"是优秀教师的培养计划，或者说是优秀青年教师的培养计划。学校精心挑选一批在语文、数学、英语等科目上具备发展潜质的年轻教师，作为重点培养对象。为了让他们能够快速成长，学校制订了明确的培养要求：他们应将主要精力放在课堂教学和自身教学能力的提升上，这意味着他们无须兼任班主任职务，但要承担更多的教学任务。以语文教师为例，传统上他们只须负责一个班的教学任务并担任班主任，但加入"优师计划"后，他们将负责两个班的语文教学任务，不用再担任班主任；同理，数学教师通常要承担两个班的教学工作，而"优师计划"中的培养对象须要承担三个班的数学教学任务，同样免去班主任职责。

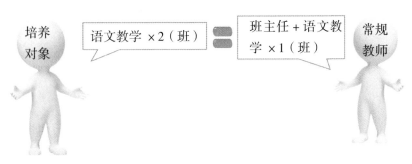

创造性思维：等量不等效

"优师计划"的培养对象，通过多承担一个班的教学任务，其工作量实际上与班主任相当。因此，学校在绩效分配上也作了相应的调整。具体来说，我们将"优师计划"培养对象增加的工作量与班主任津贴进行挂钩，即"优师计划"培养对象因多承担一个班的教学工作而享受与班主任同等的津贴待遇。这就是"优师计划"的第一项内容——配置创造性重构，即重构传统的"专+1"模式。

（二）教师订单式培养：提供"1V1"专业引领

百年大计，教育为本；教育大计，教师为本。自担任茶山二小校长以来，我一直在思考如何建设师资队伍以提升师资力量。幸运的是，经过深入了解，我发现茶山二小有许多潜力无限的年轻教师。这些教师只要能得到专业的帮扶、指导和培训，便能快速成长，其专业能力将实现质的飞跃。

因此，"优师计划"的第二项内容是实施"一对一教师订单式培养"。学校聘请市级以上名师工作室主持人，为"优师计划"的培养对象提供"一对一"的专业引领和指导。这些优秀青年教师本身就是一种宝贵资源。让他们多教一个班，就等同于优秀资源辐射到更多学生，让更多学生享受优秀教师的教学魅力，这也是学校制订"优师计划"的初衷所在。于"优师计划"的培养对象而言，没有班主任琐碎性工作的压力，他们可以将全部精力放在课堂教学上。当教学设计在一个班教学效果不够理想时，还可以在第二个班的教学实践中进行改善，以此追求更好的教学效果。实践证明，多承担一个班的教学工作并没有对教学质量产生负面影响，反而让"优师计划"培养对象的教学质量远高于其他平行班。因此，多承担一个班的教学工作，不能简单地看成增加工作量，而是多一次实践的机会。再加上名师"一对一"订单式的培养，这种打破传统的做法可以让优秀教师在专业道路上实现快速成长。

为了激发学校教师争当优师的热情，并提升"优师计划"培养对象的工作积极性，学校承诺为他们提供优先参与评优评先的机会，为他们提供制度保障。

（三）梯队活力化带动：赢得"1+N"模范效仿

第一期"优师计划"推出后，有30多位教师踊跃报名，他们都希望能参与其中。这一现象为学校打破传统教师结构配置提供了全新的契机。当"优师计划"培养对象能额外承担一个班的教学任务时，无形中为学校节省了一个教师名额。这样，学校就能配备更多专职的科学教师、道德与法治教师、综合实践活动教师和劳动教育教师。一旦国家课程都配备了专职教师，这些课程就能得到更好的落实，相应科目的教学效果也将得到显著提升。

自"优师计划"实施以来，茶山二小已经形成了一个新的教师梯队。这些青年教师快速成长，成为镇里甚至市里的骨干教师，成长为东莞市教学能手，他们在教学设计大赛、课堂教学评比等活动中荣获各种大奖。这个新的梯队力量带动着学校的整体教育教学向高质量发展的方向迈进，使学校的教育教学质量实现了从全镇倒数到中等水平的跨越。

茶山二小推行的"优师计划"成效显著，通过重新配置语文、数学、英语学科的教师结构，配足配齐国家课程专职教师的做法开创了茶山镇小学师资配置的先河。作为创造性解决师资结构难题的新尝试，"优师计划"得到了兄弟学校的广泛关注和赞许。这一做法在茶山镇得到了推广，许多兄弟学校纷纷效仿，并在各自学校中积极实施。

二、以一带多，创造性解决师资配备不足的难题

水广者鱼大，山高者木修。

——刘安《淮南子》

过去，学校常常让语文、数学、英语等传统主要学科的教师兼授道德与法治、科学、劳动、美术、音乐、信息技术等综合类学科课程，这种做法导致这些综合类学科的课堂教学质量大打折扣，对学生的全面发展造成了不利影响。为了解决这一师资配置不完善的问题，我提出了"以一带多"的策略，即依托一个专职教师来带领兼职教师，让兼职教师的课堂教学成效也能像专职教师一样。其具体做法是：专职教师提前一周为兼职教师提供示范课和教学资源包，实现教学资源共享；然后兼职教师模仿专职教师上课，保证课堂教学质量。经过实践，这种方法取得了显著成效，专职教师和兼职教师实现了"两腿并走"，共同推进了国家课程的全面有效实施。

（一）"综合学科"专职不够

习近平总书记在全国教育大会上强调："坚持中国特色社会主义教育发展道路，培养德智体美劳全面发展的社会主义建设者和接班人。"在"五育并举"视域下，当前国家基础教育致力于促进学生全面发展，这就要求国家课程要开全开足，并按课时要求和需要

配备相应比例的专职教师。

在过去的传统观念和义务教育阶段的学校管理中，教师配备主要向语文、数学、英语等传统主要学科倾斜，而道德与法治、科学、劳动、美术、音乐、信息技术等综合类学科的专职教师配备往往会被弱化。由于这些综合类学科缺乏专职教师，很多学校就会让承担语文、数学、英语等传统主要学科的教师兼任综合类学科课程的教学工作。

"明者因时而变，知者随事而制"，桓宽的这句名言同样适用于教育领域。教育需要顺应时代的发展，与时俱进。在教育的过程中，我们不能只重视智育，而忽视德育、体育、美育、劳动教育和心理健康教育。开全开足国家课程，不仅是对国家基础教育目标的落实，更是学生得到德智体美劳全面发展的基本保障。因此，学校在落实国家规定课程课时的同时，必须做到科学、充分、适当的安排，确保学生能够接受全面而系统的课程体系培养。

每个学科独特而又相互联系的育人价值和功能对培养学生核心素养和综合能力至关重要。如果一所学校仍然依赖语文、数学、英语等学科教师来兼任那些不被重视的综合类学科课程，其课堂教学质量一定不尽如人意。毕竟，语文、数学、英语等课程的教学任务繁重，教学压力巨大，兼职教师很难再分出时间和精力去钻研其他专业的课程。当教师被动地接受综合类学科的教学任务，教学质量很难得到保证。

举例来说，如果科学教师并非专职，那么上好科学课将极具挑战性。因为科学课里的知识探究活动具有一定的专业性，非专职教师是无法理解和落实的。因此，当语文、数学和英语教师兼任这些综合类学科课程时，课堂随意性就会增大，甚至这些综合类学科课时还会被占用，用来上传统主要学科。试问，这样的做法又怎么可能将所有国家课程落实到位呢？

（二）"以专加兼"改变结构

综合类学科专职教师不够，传统主要学科兼职教师来凑。但是，这里的"兼职教师"和传统意义的"课程兼任"并非同一概念。

茶山二小在实施"优师计划"的过程中，已顺利解决了国家课程的教师配比问题，确保了每个学科都配有专职教师。然而，面对全校 30 多个教学班仅凭一名专职教师如何能够确保每个班级的教学质量呢？以单个教师的最大工作量为每周 20 节来计算，即便每个班级每星期只安排一节课，最理想的情况也只能满足三分之二的班级课程需求。所以一名专职教师是无法承担全校所有班级的课程教学任务。尽管学校配备了专职教师，可是有限的专职教师还是不能确保国家课程得到良好落实。这又是一个急需解决的棘手问题。

在专职教师有限的情况下，还是需要兼职教师协同完成综合类学科课程的教学任务。然而，我们不能简单地重复过去的做法，需要在问题导向下再一次发挥创造性思维，以创新的方式解决这一挑战。

解决问题的关键在于如何平衡专职教师和兼职教师在课程落实成效方面的作用。在这样的思路下，我提出要充分发挥专职教师的作用，让专职教师引领兼职教师上好国家课程，从而保证综合类学科课程的教学质量。有一些学校的做法是让专职教师直接向兼职教师传授教学经验。在我看来，这样的做法还是不能从根本上解决问题。

于是，我开始思考专职教师能否起到"教学导师"的作用？换言之，兼职教师需要通过专职教师的示范和引领来提升自身教学效果，从而达到与专职教师相媲美的水平。这样一来，兼职教师的综合类学科课程也能够体现该有的专业性。我随即提出了一个具体的实践方案："以一带多"的模式，即通过一个专职教师手把手式的指导，推动整个兼职教师队伍的成长。

具体做法如下：

第一步，专职教师在安排教学进度时，比兼职教师提前一周。

第二步，专职教师需要提前一周为兼职教师提供相应教学内容的示范课，并提供所有相关的教学资源包。

第三步，兼职教师认真学习专职教师提供的示范课，并充分利用专职教师提供的教学资源包，按照专职教师的教学设计完成流程。

以科学学科为例，一、二年级每周有一节科学课，专职教师需要针对这两个年级为兼职教师各提供一节示范课；三至六年级每周有两节科学课，专职教师则需要针对这些年级各提供两节示范课。

也就是说，专职教师需要围绕一至六年级每周要上课的内容，提前一周做好充分的准备，这些准备包括示范课实录视频，教学设计、教学课件和其他所需材料。专职教师的教学进度比兼职教师的教学进度提前一周，兼职教师利用专职教师提前准备好的教学资源包进行授课。

（三）"以一带多"复制课堂

在拥有了示范课实录视频和丰富的教学资源包后，兼职教师便可心中有底更加自信地进行教学。实际上，他们只需要模仿专职教师进行授课即可。这种做法不仅充分发挥了专职教师的示范引领作用，而且极大地减轻了兼职教师的备课负担，实现了教学资源的有效共享，从而确保了课堂教学质量。

考虑到这是一种全新的尝试，兼职教师只要能达到专职教师六成的教学效果，就已经令人满意了。这样的教学程度已经完全符合国家课程的达标要求。相较于过去那种学生只是机械地翻阅书籍、匆匆地浏览一遍内容、仅在书上留下痕迹的形式化课堂教学，已经有了质的飞跃。

采用专职教师"以一带多"的模式，大幅提升了课堂教学质量。自实施该模式后，我校道德与法治、综合实践活动的专职教师先后成为东莞市教学能手，并在片区视导活动中作为代表展示示范课，而兼职教师也在参加市镇级综合类学科各项评比活动中频频崭露头角。因此，茶山二小的科学、综合实践活动、道德与法治等综合类学科都采用了这种"以一带多"的模式，让兼职教师能跟随专职教师的步伐"复制课堂"，上好国家课程。通过这种方式，我们真正满足了国家课程的落实要求，并按照课程标准实现了学生的全面培养与达标。

创造性思维：复制课堂

经过两年的实践，我们惊喜地发现，茶山二小的专职教师展现出强大的实力。他们不仅圆满完成了一至六年级每节示范课的录制，而且在引领兼职教师的同时也实现了个人专业素养的进一步提升。迅速的专业成长使他们在镇级、市级甚至省级教育评比中脱颖而出，成为名副其实的专家型教师。

在专职教师的专业化课堂示范和教学资源的支持下，茶山二小的课堂教学效果日益凸显，兼职教师在第二专业的成长道路上不断迈进，与专职教师并肩前行，形成"两腿并走"的良好态势。这种协同发展的模式，确保了国家课程在茶山二小真正得以落实。

三、暖心设计，创造性营造教师的获得感幸福感

一枝一叶总关情。

——郑板桥《潍县署中画竹呈年伯包大中丞括》

为了营造温馨舒适的工作环境和生活环境，提高教师的获得感和幸福感，我采取了创造性的设计思路，改造了教师办公室，精心设计了茶艺室，提供了宾馆式午休房、健身房和教师书吧等设施。这些举措不仅为教师创造了舒适的工作环境，还丰富了他们的休闲娱乐生活。这些暖心设计让教师们感受到了从教的幸福，同时也得到了其他学校的赞赏和羡慕。

（一）关爱教师，在所不辞

教师是立校之本，兴校之源。作为校长，我很关心教师在工作中的获得感和幸福感。我衷心期望能为教师们提供舒适的工作环境和舒心的生活环境。

当我担任茶山二小校长时，我发现教师办公室较多，教师们多挤在一些小房间里办公，办公气氛和教研氛围不够浓厚，办公桌椅、电脑等办公设备也有待改善。于是，我开始思考：能否创造性地为教师们提供一个更加舒适、宽敞的工作环境？

对于教职员工而言，教师办公室无疑是他们停留时间最长的地

方。因此，我希望能够创造性地改造教师办公室，以便教师们每天都能在舒适的办公室里工作，从而提升他们的获得感和幸福感。我开始思考如何创造性地打造这样的工作环境和生活环境。随后在学校扩容提质工程中，我充分融入了自己的思考，确保学校的硬件和软件设计都能满足教师们的需求。

（二）办公区域，家的味道

为了寻找最佳的设计方案，我走访了许多学校，深入了解它们的办公室设计。尽管很多学校的办公室布置得既豪华又充满创意，但我始终觉得在舒适度方面还可以增添一点"家"的味道。于是我开始思考，除了满足工作需求，办公室设计还要考虑哪些元素以便更好地服务于教师？站在教师的立场，我们该如何着手打造舒适宜人的教师办公室呢？

如果能将每个年级的教师办公室打造成像家庭般温馨舒适的港湾，必能让辛勤耕耘的教师们倍感幸福。为了营造这样的办公环境，首先需要保证宽阔的面积，使整体布局显得宽敞大气。这样，才能在充分保证办公空间之余，巧妙地设计一些生活娱乐的空间。

办公室还需要有阳台，明媚的阳光散发着生命的气息。在教师办公室布置一个阳台，教师们在阳台上可以一边眺望，一边品茶喝咖啡，这样的画面，想想就已经让人放松、愉悦。

同时，还需要设计一个专门用于接待的地方。教师有时候会约谈个别家长，有时候也需要和其他学校的教师进行联合教研，那么，在办公室里面设置一个这样的区域就很有必要了。同时，同年级教师如果需要开年级会议，那么，这个区域可以发挥小会议室的作用。

基于这些考虑，我决定创造性地设计我们的教师办公室。

首先，我们打通了两间教室，形成一个巨大的空间。其中一部分空间用于充当教师的办公区域。学校特意采购了私密性很强的办公桌椅，旨在让每位教师都有一个独处的小空间，进而设计属于自己的一方小天地。在办公区域的布置上，我们采用了温馨的色彩搭配，让办公桌显得既舒适又雅致。此外，我们还为所有教师提供了充足的收纳空间，让他们可以将个人物品整齐地摆放在靠墙的地方。这样的设计不仅提升了办公区域的实用性，更赋予了其美观大方的外观，实现了实用和美观的完美结合。

其次，在教师办公室的另一边，我们打造了一个多功能区。这个区域既可以用来接待家长和外宾，也能满足会议和研讨的需求。更令人欣喜的是，教师们还富有创意地利用这个区域，对学生进行个性化的指导教育。这个宽敞空间，不仅满足了我们的初步设想，还为我们带来了意想不到的功能。

最后，我们还特别设计了生活阳台。在生活阳台上，我们为教师们准备了饮水机、咖啡机和吧台。在课间十分钟，或者在斟茶倒水的间隙里，教师们可以坐在这里欣赏窗外的风景，品茶喝咖啡，舒缓一下心情，起到一定的减压效果。

三个空间的暖心设计，为教师营造了像家一样温馨舒适的工作环境。在这样的环境中工作，教师们能够强烈地感受到学校的人文关怀，体验到一种获得感和幸福感。

创造性思维：空间中的关爱

（三）人文关怀，彰显无遗

除了教师办公室体现了学校的暖心设计，许多其他区域也体现了这一点。

1.多功能茶艺室

我们专门设计了一个占地 200 多平方米的茶艺室。整个茶艺室的设计充满了浓郁的中国风，内部配置了许多茶具和茶桌。茶艺室还有一个面向我校童创先锋校内劳动实践基地的超大面积生活阳台。每当教师们步入茶艺室，都能立刻沉浸于这个别致舒适的空间中，感受到它所带来的宁静与愉悦。

在茶艺室的生活大阳台上，还添置了休闲桌椅和太阳伞。在这里，教师们一边欣赏阳台外的美丽风景，一边享受阅读的乐趣，一边品味香醇的茶香；课后，他们也可以来到阳台，在放松身心的同时，吮吸劳动基地蔬果花卉所散发的芳香；夕阳西下时分，还能沐浴在阳光中，感受阳光洗涤心灵的惬意。茶艺室的设计，为教师们提供了一个在工作之余可以放松、减压的地方。当然，茶艺室也能承担会议、培训、授课等其他功能。

2. 宾馆式午休房

很多学校不能为教师提供午休场所，因此，教师不得不自行购买行军床，放在办公室里，午休时将就着躺一躺。然而，茶山二小独具匠心，通过整合场室资源，创造性地为教师们打造了宾馆式"拎包入住"的二人共享午休房。每间午休房都精心配置了高标准的单人午休床、床头柜、衣柜和桌椅，旨在营造一个舒适、安静的午休环境，确保教师们在短暂的午休时间内得到充分的休息。这样的暖心设计再次彰显了学校对教师的人文关怀，让教师在紧张忙碌的工作中也能感受到家一样的温暖和幸福。

3. 专业型健身房

身体是革命的本钱。教师可以在下班之后，来到专为他们设置的健身房锻炼身体，出出汗、减减压。健身房里配备了跑步机、动感单车、杠铃、哑铃、瑜伽球、拉力器、仰卧板等专业的健身器械。同时，茶山二小的乒乓球室、羽毛球场、网球场、排球场也为教师们提供了体育锻炼场所，这是学校对教师人文关怀的又一体现。

4. 休闲型书吧

教师书吧的设计初衷是让教师们拥有一个轻松休闲的阅读环境。教师们可以在这里阅读、交流、分享，在美好的环境中享受智慧阅读、收获精神食粮。

5. 自助型餐厅

茶山二小还为教师们打造了自助式的就餐环境，学校饭堂每天都为教师们提供丰富多样的菜式。教师们可以在教工餐厅里实现自助用餐，解决一日三餐。

无论是工作环境、吃住条件，还是生活娱乐，学校都充分体现了对教师的真切人文关怀。学校在每一个设计中都充分考虑教师的需要、教师的体验和教师的感受。教师的获得感和幸福感，是学校这些暖心设计的基本追求。

学校的这些暖心设计得到了其他学校的赞赏和羡慕。很多校外教师来我校交流时，都对能在茶山二小工作的教师表示羡慕。因为这里不仅拥有优美的校园环境，还有这么多暖心的设计。

每所学校都可以创造性地为教师们营造温馨舒适的环境，让教师们能快乐幸福地工作，这也是校长应该并且可以努力去创造的。

四、叙事写作，创造性推动全体教师的智慧共享

为学无间断，如流水行云，日进而不已也。

——王永彬《围炉夜话》

为实现"培养学生创造性解决问题的思维和能力"的"童创教育"理念，我创造性地推动教师们撰写"教有创新"叙事文。通过专家引领、遴选评奖和推荐发表等措施，激发教师们的内驱力，促进教师之间的智慧共享。帮助教师树立成果意识，是学校推动师资力量建设的重要推手，体现了学校将"被动承担"化为"主动作为"的管理智慧。

（一）摒弃固守低头走路

2020 年也就是我来茶山二小的第一年，我就提出要着重培养学生创造性解决问题的思维和能力，帮助学生建立具备迎接未来挑战的核心竞争力。于是结合茶山二小原有的教学氛围和校园文化，我提出了"童创教育"理念。在践行"童创教育"理念的过程中，教师发挥着尤为重要的引导作用。我们希望学生拥有创造性解决问题的思维和能力，这就要求教师也应该具备创造性解决问题的思维和能力。教师只有注重在实践中形成反思、在反思中改进实践，才能科学地引领学生发展创造性解决问题的思维和能力。因此，我需

要推动茶山二小的教师朝这个方向努力实践，共同践行"童创教育"理念。

教师平日的工作太忙、太琐碎，许多教师无暇顾及其他，只顾"低头走路"。在我看来，这对于教师的专业成长是最大的阻力。2020年，我开始推动茶山二小的教师去做一件事情，即在教育教学工作过程中有意识地把自己创造性解决一件事或一个问题的过程以教育叙事的方式记录下来。

教师需要在教育叙事文中说明解决的问题是什么，问题是如何得到创造性解决的，以及创造性解决问题之后的效果。我们将教师们创造性解决问题的教育叙事文统称为"教有创新"叙事文写作。学校层面将教师们撰写的创造性解决问题的案例遴选出来，然后共享给全校教师。收集教师们的"教有创新"叙事文之后，从中筛选一些有借鉴意义、值得推广的文章进行全校性的宣讲或分享，以此促进全校教师之间的学习交流和智慧共享。

（二）鼓励仰望星辰大海

为了推动全体教师将自己创造性解决问题的思维和能力实践经验撰写成"教有创新"叙事文，我主要从以下三个方面推动教师"仰望星辰大海"。

1. 专家引领

以"如何有效地撰写一篇教育叙事文"为主题，学校多次聘请专家，从"如何把问题描述清楚""如何将创造性解决问题的策略提炼出来"等方面对教师进行专业的引领和指导。经过专家的培训，教师们对于如何撰写教育叙事文有了明确的思路和方向。

2. 遴选评奖

学校会定期收集教师们撰写的"教有创新"叙事文，并组织评审团，对"教有创新"叙事文进行评奖。评出"教有创新"叙事文一、二、三等奖后，由工会为获奖叙事文的撰写教师颁发证书和奖品，以此激励教师们积极撰写自己在教育教学工作中创造性解决问题的成功案例。

3. 推荐发表

教师平日工作繁忙，工作负担重，压力大，因此，如何调动教师积极主动撰写教育叙事文是学校面临的一个很现实的问题。即便有专家引领的保障、遴选评奖的机制，却还不足以充分激发教师主动撰写教育叙事文的内驱力。多数情况下，教师们是被动地完成这件事情。本着促进教师专业成长的初心，我们还需要进一步发挥创造性解决问题的思维，充分激发和调动教师主动撰写教育叙事文的内驱力。

经过思考，我认为，调动教师积极参与教育叙事文撰写的关键在于化被动为主动，让教师从内心深处生发出撰写教育叙事文的欲望和追求，而非迫于学校工作安排或工作任务的压力。那么，如何让教师们愿意主动花时间和精力去撰写"教有创新"叙事文呢？

教师们撰写的教育叙事文都是来自真实而平凡的一线教育教学

实践，创造性解决问题的策略一旦被提炼出来，就是一种极具智慧的实践成果。如果学校能够为教师打通"教有创新"叙事文发表的渠道，那么教师们撰写教育叙事文的内驱力是不是就会被激发和调动起来？答案是肯定的。发表教育教学类的文章，是教师工作的重要实践成果，是教师职称评定的重要依托。毫无疑问，如果学校层面能够帮助教师将其撰写的优秀教育教学文章推荐到杂志上发表，那么将极大地调动他们撰写文章的积极性和主动性。

创造性思维：推荐发表

（三）坚持脚踏实地前行

学校鼓励教师撰写"教有创新"叙事文，在内容题材方面，给予教师最大的自由度。这些文章的内容可以是课堂教学问题的解决，可以是家校沟通问题的解决，可以是学生管理问题的解决，也可以是学生习惯培养的策略，还可以是课堂突发事件的处理策略……只要问题的解决具备创造性的思维品质，那么这些"教有创新"教育叙事文就是值得学习交流、值得推广分享的优秀实践成果。

"教有创新"叙事文的写作推广在这三年来得到了教师们的支持和认可。许多教师在日常工作中，会有意识地积累"教有创新"叙事文撰写的素材。不仅如此，教师们也开始调动自己的创造性思维，通过创造性地解决问题，形成属于自己的教育教学实践成果。在发表方面，学校积极帮助教师不断地去修改和完善文章，不断提高文章的质量，直至达到发表的要求。对于暂时没有达到发表要求的文章，学校也会进行收集并印刷，先在校内"发表"，供全校教师借鉴和学习。

每个月，每个年级都会遴选出一篇最优秀的"教有创新"叙事文，然后由学校层面联系相关杂志出版单位，帮助教师们发表。文章的成功发表，就是教师撰写教育叙事文的最大动力。通过推荐发表，不仅可以激发教师撰写教育叙事文的积极性，还可以让教师在平常的工作中形成主动思考的习惯和意识。

在组织教师撰写"教有创新"叙事文方面，学校着实花费了大心思、投入了大力气。帮助教师树立成果意识，其实也是学校推动师资力量建设的重要推手。学校为教师遴选"教有创新"叙事文并推荐发表的做法，体现了学校化"被动承担"为"主动作为"的管理智慧。学校希望教师们珍惜学校为大家搭建的平台，积极主动地把自己的日常工作智慧和学校"童创教育"理念有机结合，形成一个又一个体现"教有创新"的教育教学成果。

五、人人发表，创造性调动研究参与者的积极性

言而无文，行而不远。

——孔子，语出《左传》

为了让课题组成员积极参与课题研究，发挥主观能动性，形成一系列研究成果，我创造性提出搭建研究共同体的设想。首先，课题立项时需要立足所有研究人员，确保研究共同体成员能做、会做、有素材做。其次，课题研究过程中需要开展研究方法的专业指导，让研究共同体成员掌握研究的能力和技术。最后，研究共同体成员需要撰写阶段性研究成果，并在课题组邀请专家的指导下修改并最终转化为可发表的成果。通过这些措施，研究共同体成员能够获得科研方法的指导和训练，收获丰富的课题成果，成为名副其实的课题研究者。

（一）研究共同体的意识树立

校长引领教师参与教育科研是一件非常重要的事情。我们可以通过开展教育科研活动，有针对性地提升学科教育教学质量，有目的地解决学校教育教学中存在的问题，形成一系列研究成果，并将研究成果辐射到全校教师，实现智慧共享。教育科研是除了课堂教学之外教师的一项很重要的业务。通过参与教育科研，可以有效地

提升教师的思维能力和解决问题的能力，加深对教育教学现象的理解和感悟。

课题主持人的初心是希望所有团队成员能共同参与课题研究，共同为课题成果奉献力量，但通常存在一个普遍现象，即课题主持人基本上包揽了课题研究的所有工作，而课题组其他成员很少参与或者缺乏持续参与的动力。我们需要让课题组成员积极参与课题研究，发挥他们的主观能动性，形成一个研究共同体。因此，一个有研究活力的积极向上的研究共同体非常重要，它能凝聚大家一起参与课题研究，共同贡献智慧，并形成课题研究成果。

组建研究共同体是一项非常重要的工作。在我的名校长工作室里，所有学员都是我的课题组成员。我一直在思考，应该如何创造性地搭建一个平台，让这些学员都能真正参与到我主持的课题中，发挥自己的作用。简单来说，就是大家扎实做研究、共同出成果，从而形成一个真正的研究共同体。

如何组建引领一个研究共同体，让大家扎实做研究，共同出成果，这是需要我创造性思考并解决的问题。

（二）研究共同体的组建引领

基于以上想法，在组建工作室学员形成研究共同体的过程中，我创造性地提出了三个措施，以保障每个学员都能被调动起来，每个学员都能参与进来。

第一个措施，课题立项需要立足所有参与研究的人员。只有研究人员能做、会做，他们才能真正参与到课题研究中，这是基础。如果课题组成员无法融入，那么课题研究就难以推进。课题的研究主体是推进课题研究的重要因素，因此，本着组建研究共同体的愿望，课题立项就应该充分考虑课题研究主体的需求和能力。

我申报了一个课题，名为《领导力下的学校管理案例研究》。学校管理案例是每位学员每天都在经历的事情，包括身边的许多管理事件。如果学员们能够用心观察、思考、总结和提炼，就可以将这些事情写成一个个案例，并在案例中感悟领导力的作用。

领导力研究是学校管理的案例，这个课题研究的内容非常贴合我的课题组成员。成员参与这个课题研究，完全能实现有能力做、有素材做、有智慧做。因为他们身边每天都在发生各种管理事件，每个事件背后都蕴含着管理的智慧和哲学。只要善于思考、分析和总结，就能将身边的真实管理事件转换成管理案例，这是他们力所能及的研究内容。

第二个措施，课题研究过程中需要开展针对研究方法的专业指导。如果说第一个措施解决的是厘清他们能做什么和研究什么，那么，第二个措施解决的则是如何进行研究。例如，在课题研究中，我需要指导课题组成员如何进行案例研究，这涉及如何描述、分析、思考、总结和提炼案例。为此，我对课题组成员进行了一系列培训，帮助他们明确如何参与案例研究。

尽管课题组成员每天都面临着各种管理事件，但将这些事件转换为管理案例，还需要掌握一定的方式方法和技巧。因此，我们需要对课题组成员进行系统训练。研究方法的培训旨在让课题组成员掌握必要的研究技能，为后续开展课题研究打下基础。掌握研究方法后，他们就能明白如何有目的和有步骤地参与研究。

第三个措施，课题组成员需要撰写阶段性研究成果。通常，课题组成员每两个月就需要撰写一份研究成果。在撰写案例时，要确保课题组成员的成果能够被真正应用，而非仅作为佐证材料。那么，如何创造性地指导学员将初步研究成果转换为真正的研究成果呢？

如果每位学员都撰写了一个管理案例，这个能否作为真正的研究成果呢？从形式和内容上看，它肯定是真正的成果，因为这些案例都是他们真实的管理案例，且是基于一定的规范编写的。但在我看来，真正的研究成果应该有一个更明确的标签：如果学员的研究成果能发表在刊物上，那么这个成果就更加名副其实了。

如何让每位参与研究的课题组成员所撰写的成果都能转化为可发表的研究成果？我需要创造性地制订一些策略。

首先，需要专家指导。针对每位课题组成员撰写的研究成果，聘请一位有丰富经验的专家为学员提供"一对一"的指导。其次，要优化成果。学员要在专家的指导下优化改进自己的研究成果。最后，需要反复修改。课题组成员在专家指导下进行反复的修改和优化，这样撰写出来的研究成果就具备较高的质量了，大大地提高了可发表的概率。

我开始积极与报纸、杂志联系，为课题组成员寻求发表研究成果的平台。在我的努力和坚持下，终于有报纸帮助我们发表课题研究成果。我们力求做到，每个人的研究成果都发表出去，如果尚未达到发表的质量要求，那就积极修改、努力完善，直至达标。

（三）研究共同体的美好收获

当然，我希望所有课题组成员撰写的成果都能一次性就发表出去，因为这是对大家最好的肯定和最大的鼓励，是持续推动大家进行课题研究的动力。经过我的不懈努力，第一轮课题组成员撰写的研究成果，共计 14 篇，全数发表，这对课题组成员是极大的鼓舞。

看到自己的成果发表在期刊上，且是一次性实现人人都发表，每个人都受到极大鼓舞。他们认为按照这种方式和方法进行研究，还可以不断丰富我们的研究成果。课题组成员的积极性很高，我自然要乘胜追击，趁热打铁，我立即指导他们着手撰写第二篇课题研究成果。我采用相同的方法，继续聘请有实力的专家，为课题组成员进行"一对一"的指导。

后来，第二轮撰写的 14 篇研究成果，也实现了一次性发表的目标，刊登在《广东教学报》上。这是课题组第二次实现全员发表，人人都能体会到实践转化为成果的喜悦和激动，满满的成就感鼓舞大家继续积极研究，努力将实践转化为成果。

在这种模式下，课题组成员拿出了第三篇文章，又是每人一篇，又是全员发表。经过不断努力，在一年内，课题组成员每人都发表了三篇文章。如今，课题组每位成员都掌握了撰写管理案例、优化研究成果形成可发表的成果的技巧。这一创造性的课题研究模式不仅为每位课题组成员提供了科研方法的指导和训练，更让大家收获了丰硕的课题成果。

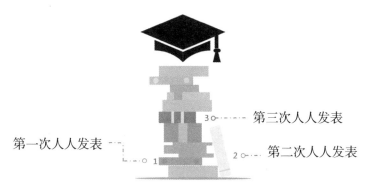

第三次人人发表

第一次人人发表

第二次人人发表

创造性思维：组建研究共同体

　　每个人都快速成长，成为名副其实的课题研究者。这正是我们所追求的研究共同体模式的生动体现。通过创造性搭建研究平台，我们组建了一个富有活力的研究共同体，让每一位课题组成员都能在这里不断成长、发展，并收获成果和成功。作为校长，能够引领这样创造性的变革，是我在教育科研道路上的一次珍贵体验，也是一次值得自豪的成功实践。

六、激活团队，创造性打造科学教育示范性学校

博求人才，广育士类。

——苏轼《荐朱长文札子》

科学教师肩负着培养学生报国情怀、创新能力和创新思维的重任，做好科学教育加法的核心在于打造一支专业素养高的科学教师团队。为此，我创造性地提出了"保障课时补贴""保障资源支持""保障专家引领"的"三保计划"，从而吸引更多教师积极参与少年科学院的建设。经过两年的精心打磨和持续优化，茶山二小逐渐形成了一支稳定的科学教育教师团队，为学校创建科学教育特色奠定了坚实基础。此外，学校还积极将科学教育课程输出到粤东、粤西、粤北等地区的薄弱学校，为这些学校的科学教育注入力量。

（一）科教加法进行时

少年科学院的创造性打造，为茶山二小科学教育品牌特色的树立打响了响亮的第一枪。

科学教育加法绝不仅仅是硬件的堆砌，专业的科学师资团队才是其核心所在。正如《教育部等十八部门关于加强新时代中小学科学教育工作的意见》所强调的，加强师资队伍建设、发挥教师主导

作用至关重要。为此，我们需要建设一支强大的科学教育师资队伍。尽管我们学校有 8 位科学专职教师，这在许多学校中已经属于"高配"，但为了实现科学教育的目标，提高科学教育质量，提升学生科学素养，推进教育、科技、人才一体化高质量发展，仅靠这 8 位教师是远远不够的。我们需要吸引更多教师加入少年科学院担任兼职老师，共同开展丰富多彩的科学课程，以丰富学生的科学实践活动。

如何激发教师们积极参与到少年科学院的教育教学互动中，成为亟待解决的问题。为了充分调动教师们的积极性，我计划开展有针对性的培训，以引导他们深度参与科学教育的工作。只有当教师们全身心地投入，学校的科学教育才能焕发活力，才能形成独具特色、学生能受益匪浅且能"走出去"的科学教育品牌。

（二）师资建设动起来

为了吸引更多的教师积极投身于少年科学院的建设中，我创造性地提出了旨在激发科学师资团队活力的"三保计划"。

第一，保障课时补贴。课时补贴从哪里来？我将少年科学院的建设与课后托管服务挂钩。所有参与到少年科学院建设的教师都可以开设一门科学类的课后服务课程。根据相关课后服务文件，在课后第二课时提供素质拓展课程的本校教师可以获得一定的课时报酬。这部分课时报酬会按照文件要求及时、足额地发放。教师们的劳动付出得到了应有的回报，这样可以激发并提升专职或兼职科学教师参与少年科学院课程建设的积极性。

第二，保障资源支持。为了让专职和兼职科学教师能够顺利开发自己感兴趣的科学课程，学校积极寻求各种资源支持。鉴于要求参与少年科学院建设的教师自主开发一门全新的科学教育特色课程难度较大且工作量繁重，学校为教师们开通了多个资源平台，购买了丰富的科学教育课程资源。这些课程资源为教师们提供了强有力的支持，极大地促进了他们参与少年科学院课程建设的热情和积极性。

教师们可以从这些丰富而专业的科学教育课程资源中，选取自己感兴趣的内容进行学习，并根据实际的学情和需要进行重构，形成符合学校需求的科学教育课程。有了这些丰富且专业的课程资源作后盾，教师们对参与少年科学院课程建设的顾虑就打消了。因为有了这些资源，他们无须担心自己缺乏经验或需要从零开始建设课程。借助这些课程资源，教师们能够自信地重构出既适合自己教学风格又能激发学生兴趣的科学教育课程，从而更加积极地参与到少年科学院的课程建设中。

目前，我校已有数十位非科学专业的兼职教师勇敢地跨越了学科界限，积极投身于少年科学院的建设工作。更令人欣喜的是，其中许多教师已成功开发了自己喜欢且能够胜任的科学教育课程，为学校的科学教育注入了新的活力。

第三，保障专家引领。为了更好地推动少年科学院课程以及师资队伍的建设，学校聘请了科学教育专家为少年科学院的教师提供"开发创建或重构科学教育课程"的全方位指导与培训。这些专家不仅为教师提供专业建议，还直接为学生授课。此外，学校还组建了少年科学院教研团队和教研组，定期为教师的教研教学工作提供有力支持。教师们相互帮助，共同研讨，不断优化自己的科学教育课程。在这样的工作机制下，科学师资队伍建设有了巨大突破，师资力量也显著提升。

创造性思维：吸引力效应

（三）品牌特色走出去

学校秉持"开拓创新"的传统校训，以"培养全面发展、创新有为的拔尖创新型预备人才"为育人愿景，建设"童创未来"特色课程，着力建构"童创教育"办学理念体系。

经过两年的打磨和优化完善，我校少年科学院科学教育课程特色日益凸显。老师们开发的科学教育特色课程在东莞市各类科学类比赛中屡获殊荣。少年科学院的老师不仅为学生提供了丰富多彩的科学体验课程，还带领积极参与科学探究活动的学生参加各种科学竞赛活动，并取得了优异成绩。在这个过程中，我们逐渐建立起一个稳定且优质的科学教育团队，他们的专业素养和教学能力得到了显著提升，为学校打造科学教育特色奠定了坚实基础。

得益于强大团队的积极参与和无私奉献，我校的科学教育课程开展得有声有色，各类活动举办得效果卓越。我们也因此经常作为东莞市代表参加各类展示活动，向省内外同仁分享我们在科学教育领域的成功经验。

无论是专职还是兼职，我校的科学老师在参与少年科学院的建设过程中都逐渐成长起来，纷纷成为省市级骨干教师。其中，不少教师已经成为东莞市科学教学能手、科学学科带头人。

强大的师资团队加上精心打造的科学特色课程，让我们充满信心地将科学教育课程输出给兄弟学校。我们希望更多的学校和学生能够享受到科学教育资源，感受科学的魅力，从而激发学生对科学的热爱，培养他们的科学思维和创新精神。特别是在帮扶韶关的过程中，我们积极向韶关偏远地区输出了科学课程。我们派出科学团队前往韶关薄弱学校，向他们展示科学教育的课例，为他们提供送教、送课、送培等系列服务。此外，我们还与韶关的学校紧密合作，共同开展科学教育研讨活动，以我们的力量推动他们提升科学教育的水平。

我们学校的科学教育正在向粤东、粤西、粤北等地区的薄弱学校扩散，积极为相关学校的科学教育注入新的活力。我们的影响力在这些学校中逐渐显现。我们向他们开放科学课堂，并组织线上教研活动，这背后离不开我们强大的科学师资团队。这个团队致力于打造一至六年级的科学教育特色课程，并根据实际教学需求进行项目化课程设计，开发相应的课程资源。我们不断将影响力扩展到市内外的学校，带动他们做好科学教育加法，甚至邀请他们一起参与更专业、更有特色的科学教育活动。我们的目标是共同打造小学科学教育特色，为学生提供良好的科学教育环境和体验，从而真正培养他们的科学素养。

新时代的人才培养目标，着重于培养拔尖创新人才。为了实现这一目标，我们必须努力做好科学教育加法。国家大力推动小学科学教育的发展，旨在培养学生的创新能力和创新思维，同时厚植报国情怀，让我们的学生从小就培养能够迎接未来挑战的核心竞争力。对此，科学教师肩负着不可推卸的责任。

第五章
校长优化内部管理的创造力

校长发挥创造力，建立健全学校规章制度，提高学校管理规范化水平，倡导民主管理和科学管理，踔厉奋发，创想优校。

一、激活空间，创造性打造 20 间少年科学院教室

欲致鱼者先通水，欲致鸟者先树木。

——刘安《淮南子》

为了给学生提供深度参与科学教育的良好平台和条件，我运用创造性思维，巧妙地将学校午休楼三楼的 16 个闲置房间改造成少年科学院。我们招募了 10 位专职和 25 位兼职科学教师，携手打造了 20 余间涵盖人工智能、机器人、食品科学等多个领域的特色科学探究室。与此同时，我们创建了二十几门科学教育特色课程，培养学生的科学精神和科学报国情怀。

（一）激活广阔空间，做好科学加法

习近平总书记提出，要在教育"双减"中做好科学教育加法。国家当下大力推动科学教育的发展是新时代的呼声。

要确保科学教育的顺利推进，首要任务在于确保科学教育场室的完善。这涵盖了场室内科学教育所需的设施设备和教材教具的充实配备。其次，需要有专职或兼职科学教师开展科学课程实践活动。只有当场室和师资得到充分的保障，才能有效地开展科学教育相关课程。场室是开展科学教育的先决条件，若缺乏合适的场室来引导学生实施科学探究活动，科学教育便只能在普通教室里纸上谈兵，

其实效将大打折扣，更难以形成独特的教学特色。

如何把握当前教育需求，大力推动我校科学教育的发展，进而将科学教育打造成我校的品牌和特色，是身为校长的我需要认真思考的问题。

为了突破场室的限制，我们需要创造性地探索如何腾出科学专用教室。因此，我开始在学校现有的建筑里仔细巡视，反复考量，思考能否在现有空间中腾出一部分用以打造专业的科学专用教室。

经过认真的规划和思量，我最终锁定了午休楼三楼。午休楼的三楼至五楼按照规划均用于打造成学生的午休房。然而，在分析实际情况后，我们发现两层楼的空间就足以提供超过 2000 张床位，完全可以满足未来几年学生在校午休的需求。所以，我们最后决定腾出三楼的所有场室作为少年科学院专用教室。

午休楼的三楼，原是按照教室的大小规划的，左右两边合计有 16 个房间，每个房间的面积都超过 80 平方米。这些房间过去主要用于堆放学校的一些不常用物品。若能把这些空间腾挪出来，就可以为少年科学院打造出 16 间科学探究室。我在行政会议上提出了这一想法，经过大家的深入讨论，普遍认为这是一个可行的方案，值得一试。

$$3_{\text{层（午休房）}} - 1_{\text{层（午休房）}} = 2_{\text{层（午休房）}} + 1_{\text{个（少年科学院）}}$$

创造性思维：空间激活优化

（二）资源再次利用，激活专用教室

经过一周的努力，我们将各个场室内的物品整理并转移至其他地方，腾出了 16 间教室。紧接着，就需要考虑场室内设施设备和教材教具的配备问题。

我注意到，之前放在场室里的一些物品具备再次利用的价值。例如，教室里淘汰的讲台，可以通过巧妙地组合，摇身一变成为具有科幻特色的人工智能教室的一部分。此外，这些科学专用教室需要配备大量桌子，我们可以从旧厨房中取出一些不锈钢桌子作为科学探究室的专用桌子。至于走廊里的废弃书架，也可以搬到这里，用于收纳科学教育的用具。而那些过去用于摆放餐具的架子也可以充分利用起来，实现资源的再次利用。对于那些暂时没有合适用途的物品，只需根据场室布置的需求，发挥我们的创造性思维，便可以再次发挥它们的作用。

我们将之前采购的科学教具和科学实践活动用品整合到这些场室中，用于打造 16 间科学探究室。如果要将这些科学探究室打造得各具特色，除了依靠这些桌子和架子，还需要在场室中营造专业的科学氛围。

（三）组建教师队伍，布置特色场室

这些场室规划出来后，我们面向全体教师发出招募令，希望热爱科学的教师积极参与到少年科学院的建设中。最终，我们组建了一支由 8 位专职科学教师和 25 位兼职科学教师组成的队伍。根据每个场室的独特属性，教师们两两配对，共同负责打造具有特色的科学探究室。

学校只提出场室建设的基本方向和要求，具体的操作层面皆放手给负责的教师们，以便他们能充分发挥创造性思维和主观能动性。

通过调动教师们积极参与，不到两个星期，就布置了 16 间科学探究室，而且各具特色，所需的教具和学具也都相当完善。有的教师上网采购或者彩色打印特色标识张贴在科学探究室里，有的教师采购有科学探究元素的物品摆放在科学探究室里，有的教师将科学家的故事打印出来张贴在科学探究室里……无论哪个场室，都呈现了浓厚的科学探究氛围，让人顿生积极参与到每个场室里探究科学的兴趣和冲动。

通过大家的积极探索，我们创造性地打造了由 16 个特色科学探究室组成的大型少年科学院，它们分别是：少年科学院办公室、影像科学探究室、人工智能探究室、机器人科学探究室、车辆科学探究室、航海科学探究室、空天科学探究室、建筑科学探究室、积木搭建科学探究室、食品科学探究室、科学魔术探究室、科学思维探究室、科学小实验探究室、无线电科学探究室、科学急救探究室和科学幻想化探究室。

后来我们发现，在教学楼的一楼和二楼还可以继续创建一些具有特色的科学探究室。最终，我们建立了 20 多间专用科学教室和科学探究室，形成了内涵丰富且功能强大的少年科学院。场室有了，教师也到位了，接下来便是围绕场室功能和教师的个人特色创建各类科学教育特色课程，为科学教育积极做加法。

（四）开设丰富课程，培养科学素养

随后，我们创建了二十几门科学教育特色课程，为全校学生提供了深度参与科学教育的良好平台和条件。学生可在 6 年内有计划地参与这二十几门课程。我校积极为学生创造丰富的接受科学教育的机会，用积极行动践行在"双减"背景下做好科学教育加法，让学生能够充分体验独具特色的科学课程，参与各类科学实践，感受科学的魅力，培养科学精神，树立科学报国情怀。

打造少年科学院这一举措不仅让学生受益，还在科学教育"火热"的当下形成了极具参考价值的行动范例。我校的做法得到了兄弟学校和教育主管部门的高度赞许和认可。

学校开始接待由省、市教育主管部门组织的参观学习交流团。交流团纷纷前来学习推进科学教育加法的做法和经验，考察如何在乡村学校把科学教育加法落到实处，如何为小学生提供丰富有趣的科学探究课程，如何培养学生从小树立科学报国的爱国情怀……少年科学院的打造产生了巨大而积极的影响，让学校在科学教育方面独树一帜，成为东莞市首批科学教育示范学校和广东省科学教育特色学校。学校先后接待了 40 多批次到校参观学习的交流团。科学教育这道特色而亮丽的风景，为学校科学教育品牌的树立奠定了扎实的基础。

二、工作手册，创造性提供教育教学的智慧支持

凡事预则立，不预则废。

——戴圣《礼记·中庸》

为解决工作计划过多重复、实际价值缩水的问题，我创造性地提出要设计一种名为"工作手册"的教育教学支持工具。设计工作手册旨在平衡工作计划和工作落实之间的关系，从而提高工作效率和质量。工作手册囊括了学校规章制度、工作文件、工作智慧锦囊等，助力教师在推动学校各项教育教学工作时能有的放矢。作为教师专业成长的重要抓手，工作手册是一个动态发展的事物，需要不断改进、优化和完善。

（一）废工作计划，生工作手册

在学校的管理工作中，各部门每个学期制订的工作计划，对于新学期学校各项工作的有序开展确实发挥着把握方向的重要作用。

工作计划应该是每位教师和每个部门都要完成的工作任务。然而，在实际工作中，不同部门或不同教师撰写的工作计划存在交叉雷同的情况。工作计划过多重复导致撰写工作计划的实际价值大幅缩水。

例如，整个学校的德育工作由德育处根据该学期需要开展的德

育工作制订一份校本工作计划。而班主任撰写的工作计划中，除了班风和班级文化建设等工作，大部分都是落实德育处的工作计划。也就是说，班主任所撰写的工作计划实际上就是把德育处工作计划中属于自己年级的部分以及全校性的德育工作部分进行简单复制。那么，班主任撰写的工作计划其价值到底在哪里？在我看来，班主任是落实德育处工作计划的重要主体，如果让落实者也简单撰写一份工作计划，那么内容必将呈现重复性，实际价值和意义并不明显。

要解决这些无谓的重复工作，需要我们具备创造性思考的能力。

基于工作计划本身的作用和价值，是否可以在原有工作计划的基础上将其转换成另一种样式，使之在发挥工作指引作用的同时，还能体现对工作的总结和反思。为了追求这样的效果，我创造性地提出了以"工作手册"替代"工作计划"这一想法。

（二）工作手册的基本属性

那么，什么是工作手册呢？

首先，工作手册是每位教师在工作过程中必备的工具。例如班主任在开展工作时，手边都有一本班主任手册。这本手册明确指出了班主任每周要落实的工作内容。同时工作手册也对学校层面的工作方向和目标进行了阐述。由于工作手册中的内容是在开学初制订的，中途可能有其他工作补充进来，因此工作手册中还有留白的设计以便教师们根据实际情况补充相关工作内容。在工作手册中，每位班主任的工作内容都会根据轻重缓急合理地安排。

其次，工作手册是每位教师在工作过程中经验的提炼。工作手册设计了专门区域用于教师记录工作过程或工作心得体会。比如，这个星期需要完成哪些工作，实际的完成情况，以及对工作的反思等，教师都可以简要地记录。这意味着，教师把开学初撰写工作计划的精力转移到执行工作计划后的反思上，在反思中形成经验，在经验中提炼成果。显然，后者比前者更具有现实意义和价值。

最后，工作手册是每位教师在工作过程中学习的读本。学校每年的工作会在不断的总结中得到优化。优化后的工作手册承载的是各个部门的工作智慧。因此，这本工作手册既能为教师指引工作方向，也能让教师间接吸收他人的智慧。此时，工作手册自然就成了教师工作中学习他人智慧的重要读本。尤其是新教师，他们对于有些工作的开展摸不着头脑。工作手册所体现的工作经验和工作智慧，将会很好地引领新教师跟上学校的步伐，使他们能够做到有条不紊甚至有声有色地开展学校的各项工作。

（三）工作手册的双重价值

制订工作手册的初衷是要平衡工作计划和工作落实之间的关系。工作计划制订出来以后，往往要到期末工作总结才能对工作计划进行"回应"。工作计划和工作落实的情况几乎处于两条平行线的状态，这中间存在的滞后性对提升工作效率、提高工作质量是不利的。但如果两者之间能够实现交集，那么许多工作的开展就会在不断的总结和反思中得到优化和完善。

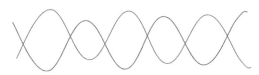

创造性思维：计划与落实的交集

学校每周都会召开部门工作总结会议。会上，大家反思本周的工作安排是否合理，工作落实是否到位，还有哪些工作需要完善优化……这时，除了发挥工作指引功能，工作手册还为各部门进行工作反思提供了脚手架。

工作手册汇编了学校的规章制度和各种相关联的工作文件，每一页都穿插了一些工作智慧锦囊。我们力图将科学的思想和理念融入其中，使其不仅成为教师工作内容的提示和记录本，更能成为智慧的灯塔和经验的宝库，助力教师有的放矢地推动学校各项教育教学工作。

总的来说，学校工作总是处于一种不断总结、反思、优化和提升的发展过程中，工作手册就是在这样的背景下诞生的。工作手册的制订是学校管理智慧的重要体现。工作手册是一个动态发展的事物。每个学年，我们都要根据工作的实际开展情况不断改进工作内容、调整工作策略。针对存在的问题，我们会提出新的解决方案。取其精华，去其糟粕，就这样，工作手册在动态发展过程中不断地被丰富、优化和完善。有了工作手册的指引，每位教师都清楚地知道自己需要做好哪些工作，应该往哪些方面努力，而且还能通过反思不断提升业务水平，成长为更加成熟的教育工作者。

三、年段主任，创造性打通学校管理的"最后一米"

任材使能，所以济物。

——《素书·求人之志章》

为打通学校管理中的"最后一米"，我创造性提出设立年段主任的解决方案。每个年段主任负责两个年级的管理工作，既管教学又管德育，是教师教学的引路人和学生德育管理的负责人。选拔和任用年段主任是培养未来校长的重要抓手，有助于他们积累丰富的管理经验。通过设置年段主任，避免了管理断层，学校的管理工作更加扎实有效。

（一）"最后一米"的工作效果不尽如人意

在学校日常管理中存在一个问题：经过学校行政团队讨论确定的事务，往往依赖每个年级的级长去抓落实，但是，级长是不参与学校行政会议的。级长的任务往往由德育、教务、办公室等部门下达。这样的工作安排导致年级级长难以很好地领悟会议精神，因此，也就难以有效地推动工作。

为了确保学校工作的有效落实，传统的管理模式是在每个年级设立一名落级行政，其主要职责是领导和支持年级级长，共同落实学校的各项工作。

然而，在实际管理工作中，落级行政往往要兼顾多个部门的行政任务，他们已经没有多余的时间和精力来推动年级内的学校工作。而年级级长由于没有参与行政会议，不能很好地领悟会议精神，只能在年级内复制学校的通知和由行政部门转达的会议精神，这种"复制粘贴式"的工作模式显然难以取得理想的效果。

该如何在年级内部解决管理上的断层现象，确保学校的工作能在年级这一关键节点得到切实有效的落实呢？实践证明，仅靠年级级长的力量，工作的执行效果并不理想。因此，我陷入了深思：如何创造性地解决这个问题，打通学校管理的"最后一米"。

（二）"最后一米"靠谁来打通——年段主任

为了确保第一时间将学校任务落实到位，我们亟须建立一个能够打通"最后一米"管理难点的制度。从学校层面的宏观规划，到年级层面的微观执行，这个接力棒应该由谁来稳妥接手呢？经过深思熟虑，我认为还是应该让行政落到年级里去带动年级落实好学校的相关工作。

于是我提出了设立"年段主任"的构想，让其同时负责两个年级的管理工作。我们将学校的 6 个年级分为低、中、高 3 个年段，每个年段设置一名年段主任来推动各年级落实学校的具体工作。

年段主任在组织架构上仍属于行政体系，但其已不再承担学校相关部门的行政工作，而将精力集中于在年段内推动落实学校的相关工作，领导一线教师精准高效地完成学校的各项工作任务。因此，年段主任既要负责教学管理工作，又要兼顾德育工作；既要管理教师团队，还要关注学生的成长与发展。可以说，年段主任既是教学能手，又是德育能手；既是教师工作的引路人，也是学生管理的负责人。年段主任就是第一责任人，需要统筹管理两个年级里的所有事务。

那么，由谁来担任年段主任呢？我的设想是从各部门抽调副主任来承担年段主任的工作。但由于部门副主任已经承担了许多事务性工作，如果让他们既负责行政事务工作又负责两个年级的管理工作，这是不现实的。如果让他们全职负责年段主任的工作，那他们本身承担的工作又该由谁来完成呢？

于是，我萌生了一个想法，那就是从学校的教师中精挑一批做事负责、认真、细致的优秀人才来担任行政助理。这些行政助理的主要职责是协助部门主任完成事务性工作。为了确保工作的顺利进行，每个部门只保留一个正主任，其余的人则配备行政助理，由行政助理协助部门正主任完成部门的各项工作。这样一来，那些从部门抽调出来的副主任原本需要承担的工作就分配给了各行政助理。

经过调整，我们的管理梯队和架构实现了创造性改变。每项工作和责任都落实到具体的个人身上。所有部门的工作任务直接下达给年段主任，由他们负责整体规划和执行，推动工作的高效落实。年段主任是一线教师与学校行政的重要沟通桥梁。教师如有任何需求或困难，都可以直接与年段主任进行沟通和反馈。年段主任能妥善解决的事情，由年段主任负责；对于不能解决的事情，他们会及时向学校反映。可以说，年段主任就像一座桥梁，连接着学校和教师，让管理变得更加顺畅、高效。

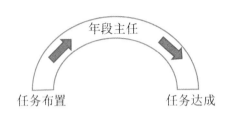

创造性思维：年段主任巧搭桥

有了年段主任，学校行政会议所布置的工作任务将迅速且准确无误地传达至各个年段。年段主任的设立，无疑为学校的管理工作打通了"最后一米"，其重要性不言而喻。鉴于年段主任的重要作用，我们在选拔和任用年段主任时极为审慎。理想的年段主任必须具备较强的综合能力和素质，以便能够高效地引领教师、管理学生，确保各项工作顺利落实。

年段主任的选拔和任用，是培养未来校长的重要抓手。他们既要承担教师和学生的日常管理工作，还要兼管教学和德育工作。因此，年段主任是一个对综合能力要求较高的岗位，是学校里非常重要的岗位。

（三）打通"最后一米"的作用——避免断层

管理的核心是"人"，管理的对象是"事"，管理的目的是"快"。年段主任的设立能让学校的各项管理工作开展得更加扎实有效，避免管理断层的尴尬局面。

创造性地设置年段主任这一工作岗位是茶山二小在推动管理工作过程中的一个很好的尝试。我们希望通过这一岗位的设置，将学校的管理工作落到实处，优化管理资源配置，减少不必要的时间成本，从而更加高效地提升学校整体的管理效能。

目前，年段主任的设置是一个过渡性举措。管理两个年级在实际运行中会有些被动。学校最终会设置年级主任，全面负责年级内所有教师和学生的管理工作。年级主任和过去的级长有着本质的区别。年级主任不仅仅负责上传下达，更需要运用自己的管理智慧，积极引领年级师生的发展。相较于年段主任，年级主任更能聚焦特定年级，更加专注于年级管理，从而实现年级管理效果的最优化。

未来，年级主任将会成为学校行政管理团队中的重要力量。因此，我们需要充分发挥创造力，科学合理地配置行政团队的岗位，并妥善解决学校各部门工作的管理架构问题。

根据师生比例，茶山二小可以设置 9 名行政中层干部。这些干部分布在办公室、教导处和德育处三大部门，每个部门各设 1 名正主任和 2 名副主任。目前，我将每个部门的 2 名副主任抽调到年级担任年级主任，就能创造性地任用 6 个年级主任。剩下的 3 个部门正主任，全面负责部门的管理工作。为了分担各部门正主任的工作压力，部门的各项管理工作由行政助理协助落实。除了年段主任，行政助理的设置其实也是锻炼年轻教师、培养行政队伍的创造性举措。

四、钉钉办公，创造性实现学校管理的信息驱动

吾生也有涯，而知也无涯。

——庄子《庄子·养生主》

为实现学校办公信息化，我创造性推动以钉钉作为学校便捷沟通的工具。除了有查看信息状态的功能，钉钉还具有智能分组功能，能充分满足办公需求。钉钉的共享文件阅读、检索和在线编辑等功能，帮助我们实现了工作的一站式处理。通过使用钉钉，学校实现了无纸化办公，学校管理的信息化程度越来越高，管理资料也实现了数字化目标。

（一）让进步发生

"让进步发生"，每次打开钉钉我们都会看到这句话。在学校管理过程中，智能移动办公平台的应用，对于我们高效地开展工作可谓如有神助。人类已经进入高速发展的数字化时代，我们也应该思考如何利用数字化工具助力学校管理。经过多年的探索及反复的实践，我认为钉钉这款移动办公软件是一款很好的信息化工具，适合应用于学校的日常管理工作。

钉钉为学校加强信息化管理提供了有力支持，积极助力学校提升管理效益。但在学校中推广应用该办公软件时，如何兼顾使用钉

钉与其他社交软件呢？我认为工作和生活应该要分开，于是提出一个口号："工作在钉钉，生活在微信。"

钉钉是一款性价比极高的办公软件，它没有采购成本，绝大部分日常所需的办公功能是免费的。而且钉钉采用的是云服务模式，无须额外购买硬件，也自然不存在后续维护的成本。同时，钉钉具有超大的存储空间足以支撑学校日常信息化数据的运转，这也是钉钉得天独厚的优势。除了这些，钉钉办公软件的使用，也是提升教师信息化素养的重要推手。教师在应用钉钉处理工作的过程，也是不断提升信息化素养的过程。这是学校应用钉钉后产生的附加价值。选择钉钉，让进步发生。

创造性思维：提升信息化素养

（二）让沟通便捷

钉钉为学校日常的沟通工作带来了极大的便捷性。

钉钉具有显示信息查看状态的功能。这个功能是我们常用的微信或者QQ等社交软件所不具备的。在钉钉上给同事发消息，可以显示信息"未读"或"已读"的状态。如果同事一直没有查看，还可以通过钉钉的提醒功能，提醒他注意及时收阅信息。这个功能大大提高了日常沟通的效率。学校可以随时了解教师是否及时收阅学校的工作消息，对于没有及时查看信息的教师，可以有针对性地通过电话进行提醒。相比于要求教师收到信息以后回复"收到"这样的操作，该功能可以节省许多时间。

钉钉办公软件具有表情盘回复功能。该功能的最大优点在于它可以减少群信息的干扰。在日常工作中，教师会根据工作需要在群里回复信息，一两条信息倒还好，如果每位教师都要回复信息，会导致群内的重要信息被覆盖。钉钉表情盘回复功能就可以很好地规避以上弊端。比如，当学校在群里发布一些师生取得好成绩的喜讯，教师就可以借助此功能表示祝贺，祝贺信息高效地聚合在相应信息下方，避免了大量重复信息带来的刷屏干扰。

钉钉具有群组人员禁言功能。为了实现工作沟通的便捷性，学校建立了统一的信息公告群，学校所有的通知信息都会在此公告群发出。在这个通知公告群里，开通群组人员禁言，这样就不会导致通知信息被覆盖。当然，群组人员可以在表情盘里进行交流。

（三）让智能引领

钉钉为学校的日常管理工作带来了先进的智能性。

钉钉具有强大的组织架构功能。它支持学校根据部门分工或工作需要等自定义组织架构。在学校团队管理工作中，常常需要组建不同的团队分组。在钉钉上"建群"，不需要逐一添加好友或者"面对面建群"。而且，在同一组织架构下的团队成员之间也不需要互

校长的创造力——记一所乡村老校的创意蜕变

相添加好友，就能实现私聊的功能。

钉钉支持信息撤回功能，而且时间效度较长。如果出现通知信息误发，或者已发信息需要更新，仍可在几天内进行撤回处理。这样大大避免了错误信息撤不回来的尴尬。钉钉还有共享文件的检索、阅读和在线编辑等功能，这大大地提高了办公效率。

钉钉不仅仅是一个社交工具，它还集成了多种办公应用的功能于一身。如日志、审批、考勤等。例如，教师如需请假或外出学习，调换课程的相关信息就会通过日志自动存档，方便其他人统计查看或了解课程调换情况。学校每日都需要收集一些和各项工作相关的资料，这些资料一旦经过钉钉上传，就能实现资料的信息化存档。引入钉钉后，学校实现了无纸化办公、无纸化交互和无纸化沟通。钉钉的使用，使学校的信息化管理呈现常态化，实现了学校管理资料的数字化。钉钉还具备问卷投票等功能，这些信息化工具的融合充分满足了学校在管理过程中不同场景的需要。

我们应该坚持创造性地使用钉钉，让智能技术成为我们的引路人，充分发挥其应有作用，并最大限度地释放其效益，从而更好地服务于学校的日常管理工作。

五、人人有岗，创造性动员全校性参与学校管理

千树万树梨花开。

——岑参《白雪歌送武判官归京》

为调动全校教师积极参与学校的各项工作，确保学校的大小事务都能落实到具体的个人身上，我创造性地提出了"人人有岗"的工作理念。基于这一理念，我们根据工作需要设立了不同的工作岗位，包括校级领导、行政团队、行政助理、级长、科组长、备课组长和班主任等。这种工作机制不仅使学校的各项工作都能有条不紊地推进，同时也极大地提升了教师参与学校各项管理工作的积极性。这种富有创新性的工作机制有助于充分发挥每位教师的个人专长，使学校的管理工作能够更加高效地运转，为学校的高质量发展奠定基础。

（一）人人有责

在班级管理中，许多班主任会运用"人人有事做，事事有人做"的管理智慧来推动班级的有序运作。那么，如果调动全校教师积极参与学校的各项工作，确保学校的各项大小事务都能落实到具体的个人身上，是否可行呢？

学校的事务性工作颇为繁重，涵盖了安全教育、卫生服务、家

校沟通、教学管理和学生管理等诸多方面。这些事务或大或小，但无一不需要得到妥善的跟进和落实。

在过去，一些具体性事务通常会由分管行政负责落实，但随着学校办学规模的不断扩大，各种工作压力接踵而至。特别是增加了学校午餐、午休和课后托管服务等工作后，许多工作都出现了人力不足的情况。

因此，我根据学校奖励性绩效的实施办法，创造性地提出了将奖励绩效与岗位管理挂钩的制度。这意味着，除了完成基本的教学任务，教师还需要参与岗位工作，并享受相应的岗位津贴。这种"多劳多得"的绩效奖励办法得到了行政团队的大力支持。

（二）人人有岗

于是，我们开始部署，将学校的工作划分为若干板块，并设置相应的岗位。

第一类岗位是校级领导和行政团队。该类岗位主要负责全校性事务的统筹和安排。所有行政干部的岗位津贴都是从奖励性绩效中支出。第二类岗位是行政助理岗位。根据工作需要，每个部门会选拔年轻、能力强、有培养潜力的教师担任行政助理。该岗位的设置为年轻教师提供了参与学校重要岗位的机会，为壮大学校的管理队伍夯实了基础。第三类岗位是级长和科组长。作为学校行政和级部教师之间的沟通桥梁，级长的日常任务是做好上传下达及级部的规划和人员管理工作；而科组长则主要负责学科教研的策划、比赛的组织以及科组成员的专业成长引导。第四类岗位是备课组长和班主任。备课组长主要协助科组长完成科组的具体工作；班主任则是班级管理的掌舵人。

除此之外，我们还设立了一些与专业发展相关的岗位。例如，"优师计划"培养对象便是一个岗位，其岗位津贴与班主任相当，因为他们需要额外承担一个班级的教学工作。对于常规事务性工作，我们也设置了一些岗位，如宣传岗位、部门助理岗位、党建岗位、团委管理岗位等。

创造性思维：少一个都不行

总体来说，学校根据工作需要设立了不同的工作岗位。"人人有岗，岗岗有人"，这种创造性的岗位安排机制动员了全体教师积极参与学校的管理工作。

（三）人人受益

建立人人设岗的工作机制后，无论是事务性工作还是专业性工作，都有专门的教师负责跟进、落实。虽然不同教师的岗位不同，领取的岗位津贴也不一样，但大家都能积极参与整个学校的管理工作。

"术业有专攻"，有些教师在选定的岗位上能够认真钻研，他们在短短两三年内便取得了丰硕成果。这些工作岗位的设置，能有效地发挥教师的个人特长，使教师在学校的管理工作中更加充分地贡献智慧和力量，学校也因此避免了因管理不到位或责任落实不到位而导致工作出现纰漏的情况。

如果所有教师都能把本职教学工作和岗位工作做好，整个学校就能实现高质量发展。让学校往更好、更优的方向发展，成为老百姓家门口的好学校是全体茶山二小人的共同追求。在短短的几年内，茶山二小之所以能实现华丽变身，一切成绩都离不开全体茶山二小人的共同努力。

总之，学校充分鼓励教师在自己擅长的领域里贡献力量。通过这一工作机制，教师的能力得到锻炼的同时，还能为学校的管理和发展贡献力量和智慧，这不失为一场美丽的"双向奔赴"。

六、发挥特长，创造性推动全校书法教育结硕果

千里马常有，而伯乐不常有。

——韩愈《马说》

为了更有力地推动全校书法教育的创新发展，我充分利用了体育老师吴雄光的书法专长。我安排他专职担任书法老师，不再承担体育教学任务，以便他能够全身心地为全校学生提供书法指导。此外，我还要求吴老师录制书法教学视频，供学生在每天练字一刻钟时观看。吴老师还选拔了一批对书法充满热情的学生组成书法兴趣小组，带领他们参加各类书法比赛，并取得了众多荣誉。我还指导吴老师将优秀的书法作品整理成册，发挥示范引领作用激发更多学生热爱书法。吴老师凭借一技之长，提升了全校学生的书写质量，助力学校树立了书法教育的品牌特色，为学校赢得了荣誉。

（一）他的特长，是科学老师发现的

习近平总书记提出："人才资源是第一资源，也是创新活动中最为活跃、最为积极的因素。"

茶山二小汇聚了方方面面的人才，很多老师都有自己的专长。自我来到茶山二小，我就发现学校里有一位非常有特色的体育老师，不过他的最优专长不在体育领域。他本人非常喜爱书法，颜筋柳骨，

笔翰如流，他的硬笔书法造诣很高。

我们应该创造机会，让这位有书法特长的吴雄光老师把个人的特长充分发挥出来。我希望，全校学生都能跟着吴老师静心练书法，用心写好字。

因此，我安排吴老师担任学校的专职书法老师，为全校学生进行书法指导。吴老师非常认可我的想法，表示愿意积极配合，竭力指导全体学生写一手好字。自此，吴老师不再承担体育课的教学任务，专职做学校的书法老师。

（二）"我的书法，是体育老师教会的"

鉴于吴老师的经历，"我的书法，是体育老师教会的"已然成为学校特色品牌建设的一段佳话。

起初，我安排全校学生每两周上一次书法课，然而经过实践，我发现这样的指导效率无法满足学生的学习需求。我希望学生每天能至少保证15分钟的练字时间。这种做法我在其他学校已经实践多年，并取得了良好的效果。鉴于此，我提出让茶山二小所有学生每天坚持练字一刻钟。然而学生在练字过程中需要吴老师的指导，但吴老师不可能在同一个时间走进每一个班级指导所有学生。那么，该如何解决这一难题呢？

1. 专业视频指导，服务练字一刻

我阐述了我的构想，并向吴老师提出了一些具体要求。我希望他针对一至六年级语文课本中需要学生掌握书写的生字，制作一系列书法指导教学视频。这些视频不仅需要展示吴老师亲笔范写生字的过程，更要突出书写要点。吴老师一开始觉得任务很重，难度很大。我建议他参考那些著名书法家和书法教育家的做法，通过借鉴他们的经验，学习如何将一个字的书写过程转化为生动有趣的书法教学视频。吴老师欣然同意了。他认为录制指导视频确实是创造性解决全校书写指导问题的一个很好的思路。

首先，对于学生而言，每天只需花费一刻钟的时间，便能通过书法指导教学视频得到专业的书法指导。其次，对于吴老师而言，通过录制书法指导视频，能够提高对写字教学的认识，并积累丰富的经验，实现教学相长。于是，吴老师利用课余时间，精心制作了一至六年级所有要求学生掌握书写的生字的书法教学视频，指导学生写好每一个字。

经过第一轮的讲解和录制，吴老师自身的书法技艺也得到了显著提升。后来，吴老师主动提出，他觉得第一轮视频还是比较粗糙，于是着手录制第二轮视频。目前，他已经为全校一至六年级学生需要掌握书写的生字进行了视频录制的完善工作。每个生字的教学视频，都涵盖了由吴老师亲笔范写并重点讲解的专业性强、指导性高的书法教学内容，这些教学视频无疑构成了一个庞大的书法教学指导资源库。每天，学生都会利用一刻钟的时间，先观看吴老师的书法教学指导视频，然后再动笔练习写字。这一举措使整个学校的书写教学逐渐走向科学化、专业化、系统化的高质量发展道路。只要这项工作长期坚持下去，全校学生的书写质量必将实现质的飞跃。

2. 书法专项引领，培养拔尖人才

我对学校的书法教学怀有更为远大的愿景。我希望吴老师能够培养一批拔尖的书法人才，充分发挥他们的示范引领作用，引领更多学生感受书法的魅力。于是，我建议吴老师在全校范围内，选拔一批对书法有浓厚兴趣、具备一定基础且悟性高的学生，组建一个校内书法兴趣小组，并带领他们积极参加各类书法比赛。经过吴老师的专业指导和学生的勤奋练习，这几年茶山二小收获了众多国家级、省级、市级书法类奖项，荣誉满载。吴老师本人也获得了广东省教育厅写字评比一等奖等众多含金量颇高的荣誉。这些荣誉进一步坚定了吴老师在书法教学道路上走下去的决心。至于吴老师指导的学生，已经有几百人参加了书法类比赛，并屡获殊荣。这些荣誉，激发了他们更加热爱书法、静心钻研书法的热情。

3. 整理书法作品，汇成学校特色

在书法教学取得显著成效的基础上，我对吴老师提出了一个更高的期望，那就是将这些优秀书法作品整理成册，汇编成一本书法作品集。吴老师积极响应，精心指导学生每人写一首古诗，于是，我们得到了 300 首古诗的临摹作品。这样的书法作品集，既能起到示范引领的作用，可以让更多的学生以这些优秀的作品为榜样，不断鞭策自己提升书写水平；同时，对于创作这些作品的学生来说，当看到自己的作品被收入作品集时，那种成就感会转化为更强烈的自信心和上进心，激励他们在书法的道路上不断追求卓越。展望未来，我们还考虑将这些成果结集出版。

（三）书法硕果，是一技之长成就的

吴老师凭借自己的一技之长，提升了全校学生的书写质量，带动了整个学校书法品牌特色的树立。一位老师，一技之长，成就一张硕果累累的闪亮名片。这，就是一位有专长特色教师引领的效果。全校学生都受到吴老师的指导和影响，对书法产生了浓厚的兴趣，逐渐成为书法的行家里手。

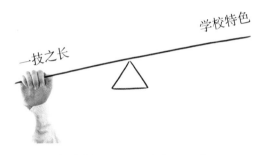

创造性思维：寻找发展支点

吴老师经常开玩笑说，他的成长与成就，皆得益于我给他做了很好的规划。我一步步的引导，一次次更高的要求，让他成为一名优秀的书法老师。自己的一技之长能够影响学生，让学生的书法水平得到提高，他认为这正是身为老师的价值所在。书法教学任务，让他收获了满满的成就感。

"茶山二小学生的书法是体育老师教会的"，这已经成了校内外传颂的佳话。无论是国家级、省级还是市级的书法比赛，代表茶

山二小去参赛的学生都能从强手中脱颖而出，取得傲人成绩。在全市的书写展示活动中，茶山二小的学生表现非常突出，即使是一、二年级的学生，也个个能写出一手好字。

如今，除了学生，整个学校的老师也要跟随吴老师学习书法。通过吴老师的指导和影响，许多老师的书法水平有了显著提升。他们以科组为单位开展写字展示和竞赛活动。通过让学校的老师们练就一手好字，让更多老师了解如何教学生写好字，学校的书法教学水平一定还可以再上一个台阶，结出更加丰硕的果实。

第六章
校长调适外部环境的创造力

校长发挥创造力，优化外部育人环境，建立健全"校、家、社"合作育人机制，砥砺前行，创举荣校。

一、空间再造，创造性实现功能齐全的特色场室

凿破苍苔地，偷他一片天。

——杜牧《盆池》

∵

茶山二小面临着扩容提质的挑战，我通过空间再造，巧妙地实现了班级的扩容并配备了相应的功能场室。我首先将原有教学楼的天井进行创意改造，释放出 20 间教室的空间。同时，对楼梯转角、架空层等进行优化，打造出多功能茶艺室、图书馆、大型办公室等。此外，我还创新性地建设了地球与宇宙探究空间、技术与工程探究空间等特色空间，以及大型体育馆、武术室、游泳馆等体育场地。通过发挥创意，学校释放了许多空间，以最优方式科学地创造出许多特色鲜明的教学空间、办公空间、特色空间和运动空间，为师生开展各种特色课程提供了丰富的场地资源。

（一）扩容提质进行时

2019 年，东莞正式启动"教育扩容提质千日攻坚"行动。让孩子享受优质的公办教育，是每一位东莞家长的心声。增加优质公办基础教育资源的供给，关系到人民群众"上好学"美好愿望的实现。

茶山二小也面临着扩容提质的挑战，需要将教学班级由原有的 36 个扩充至 60 个。从经济角度考虑，我们希望在不新建教学楼的

前提下，通过巧妙地对原有教学楼进行空间改造，来实现班级的扩容，并配备相应功能场室。在第一章中，我们已经介绍了学校如何通过盘活场室，创造性地实现了学生在校平躺式午休。那么我们能不能再次发挥创造性思维，通过空间再造的方式，解决当前的扩容挑战呢？

（二）创意改造释放空间

经过观察，我发现原有教学楼虽然建筑面积较大，但实际被利用的空间十分有限，原因在于原来的设计存在一定的问题。例如，学校的整体布局具有一定的前瞻性，每个连廊都设计了从 1 楼至 4 楼的镂空式天井，使每层楼都能通过天井观看到下一层的天井式结构，学校总共有 5 处这样的圆形天井。每个圆形天井的面积几乎等同于一间教室的大小。从艺术的角度来看，我猜想之前的设计意图应该是为了呈现学校的整体建筑美，使学生能够通过天井领略到建筑的独特魅力与美感。然而，现实是学生很少会驻足天井欣赏建筑美，反而会有学生从楼上扔东西下来，对在下面行走的学生构成一定的安全隐患。

1. 创意铺平天井，拓宽课余空间

如果把天井进行创意改造，每一层楼就能释放 5 个教学班的空间，4 层楼，就有 20 间教室。这是一个很好的想法。于是，我们在天井进行了二次楼板搭建，通过创意改造，成功地拓展出 20 间教室的空间。在新拓展的空间里，我们创造性地设置了书架，摆放可共享的书籍供学生课后阅读，从而营造出一种浓郁的书香氛围。此外，我们还添置了贴墙的长桌，便于学生进行站立式阅读。天井改造完成后，学生的活动空间也增加了，学生们在课间十分钟有了足够宽敞的课余放松空间。

2. 优化楼梯转角，打造功能课室

同时，我也对学校的楼梯转角作了进一步优化。旧建筑里的楼梯转角，由于采用"工"字形的设计，也存在空间利用不充分的问题。因此，我建议通过回填楼板，创意改造释放空间。具体来说，在架空层上加上楼板后便形成了一个大型茶艺空间。这是一个多功能空间，可以为学生提供品茶、泡茶、饮茶等茶文化课程活动；也可以作为教职工娱乐活动的场地，同时，还可以作为学校召开大小会议的场地。

3. 改造一楼架空层，满足图书借阅需求

我们精心改造了一楼的架空层，将其打造成一个面积超过300平方米既温馨又功能齐全的图书馆。图书馆的一侧面向劳动基地，学生抬头就能看到窗外五彩缤纷的鲜花。学生在这里阅读，既能在知识的海洋里畅游，又能感受大自然的美好。

4. 空间创意整合，增添特色场室

在现有空间的基础上，我们还进行了许多富有创意的改造。首先，我为每个年级设计了大型办公室。这些大型办公室划分出办公区、会议讨论区、家长接待区和生活阳台区等不同区域。这些办公室布局合理，功能完善，环境舒适。每个年级的大型办公室都独具特色，同时还有家的温馨。其次，我们改造出大型地球回归空间、地球与宇宙探究空间以及技术与工程探究空间，这些空间统称为"创客空间"。这个占地300多平方米的场地，成为学校一个独具特色的功能区域。最后，我们还打造出许多体育场地，包括大型体育馆、武术室、游泳馆、室外足球场、室外网球场、室外排球场、室外篮球场和乒乓球训练场等。此外，我们还设有一个功能齐全的健身房。

创造性思维：空间再造

通过发挥创意，我们释放了许多空间，并以最科学、最优化的方式，打造了一系列独具特色的教学空间、办公空间、特色空间和运动空间，为师生开展各种特色课程提供了丰富的场地资源。

（三）功能场室创特色

在不加建新建筑物的前提下，学校通过空间再造的方式，实现了硬件场室的创造性改造与建构，为师生营造了优美的校园环境，为学校举办各类特色活动和会议提供了空间保障。这一变革极大地改善了学校的办学条件，使学生能在特色功能场室中享受多样化的特色课程。这些场室是学校开展特色课程的重要基础，促进了学校特色课程的发展。

学校空间功能的优化与学校特色发展的步伐紧密相连。自特色场室成功改造以来，我们接待了许多前来参观学习的兄弟学校团队，他们都充分感受到一所乡村老校的创意蜕变。无论是办学理念，还是管理理念，"创造性解决问题的思维"已经成为茶山二小的文化底色。我们不断探索如何发挥空间再造能力和空间想象力，通过整合空间资源，创造出丰富的特色空间资源，为学校的特色发展奠定了坚实基础。这些新建构的空间都是创造性解决问题的思维所带来的空间拓展成果。现在学校正致力于让每一处成功改造的空间都能发挥出其最适宜的功能。学校每处空间再造，都凝聚了我作为校长对教育空间的创意追求。

二、技术赋能，创造性营造物联场景的未来教室

染于苍则苍，染于黄则黄；所入者变，其色亦变。

——《墨子·所染》

物联网技术勾勒出智能化教育场景。为了使学生能够沉浸式地感知和体验未来世界，深刻感受人工智能的触手可及和其对我们生活的影响，我采用物联网技术在每个教室创造性打造了未来生活场景。这些场景不仅使学生得以提前领略未来世界的变化，更能引导他们深入认识未来世界的发展方向，从而培养他们应对未来挑战的核心竞争力。我认为以发展的思维创造性地引领学生提前适应未来、把控未来、甚至超越未来，是新时代学校教育的应有之义。

（一）物联网，勾勒智能化教育场景

我们培养的学生是需要适应未来世界发展的人。正所谓"恒者行远，思者常新"，我常常会想：未来的世界会是什么样的？我们又该如何通过教育，使学生具备应对未来世界挑战的核心竞争力？我们能否为学生描绘一幅令人憧憬的美好愿景，甚至是为他们打造一种指向未来世界的学习生活体验呢？

人工智能发展得如此迅猛，要适应未来的生活，首先就要适应身边会有大量人工智能机器出现。这些人工智能机器将成为生活中

不可或缺的一部分，它们为我们的生活带来便捷，影响我们生活的方方面面。

作为未来生活的参与者，新生代的小学生正处于重要的成长阶段。如果学校能够在这一时期为他们创造体验未来生活的机会，使他们建立起对未来智能生活的整体感知，将无疑对他们产生深刻影响。学生在学校精心打造的未来生活场景中可以获得触手可及的直接经验，这既为学生了解未来世界打下认知基础，更是为他们打开认知方向。在这些未来场景的熏陶下，学生想象未来世界的样子，触摸未来世界的发展，这对他们适应未来世界、迎接未来世界的挑战，具有超时代意义。

如何能让学生更好地感知未来智能世界的模样呢？我认为，可以在教室中融入未来元素，让学生在智能化的场景中学习生活，从而帮助学生感知未来世界的智能化场景，充分认识人工智能是未来世界不可或缺的重要元素。如果要在学校营造未来世界的场景，我首先想到了物联网。

（二）物联网，打造沉浸式教育体验

物联网使人类生活实现了由信息化向智能化的过渡。物联网技术的思想核心是"按需求连接万物"。在日常生活中，我们可以利用物联网技术遥控家里的热水器，在到家之前先启动家中的热水器进行预热；还可以利用物联网技术遥控家里的各种开关，例如打开家里的空调、拖地机等。家中许多电子设备都可以通过物联网技术

实现远程控制。

我想，学校的教室也应该将这样的物联网技术引用进来，让学生沉浸式地感知和体验未来的世界。因此，我们对每间教室进行了科学的规划。

首先，我们为每间教室都配备了高品质的互联网设备，为老师们的课程提供软硬件支持。例如，教室里的教学一体机能实现无线网络连接，老师们能直接登录其课件系统，减少课件传送时间；使用一体机的即时视频功能时，能更好地向听课老师展示小组合作实践或讨论的状态。

其次，每间教室都设有物联网控制终端，通过这个终端，老师可以在手机上控制教室里的风扇、电灯、电脑、一体机和音响等设施设备。

目前，学校已经可以构建出一个大型物联网系统。当学校需要将一些照片、视频等资源分享给各个班级时，可以通过物联网技术启动每个班级的智慧黑板，从而实现快速共享。照片、视频等资源的智能化传输，自然要比传统的广播效果更好。更重要的是这一过程能非常直观地让学生感受到物联网技术的先进与智能。

不仅如此，我们还为每个班级配备了常态化录播系统，老师的每节课都会通过物联网技术自动录制下来。老师可以将课堂实录视频分享给有需要的学生，让学生课后重新学习。课堂实录回看功能，有利于帮助学生掌握未掌握的知识、突破未突破的内容。

　　教室里还有极具未来特色的监控系统，可以捕捉异常情况并进行自动分析判断。例如，晚上学生不在教室，如果教室有任何异常，系统会及时给学校后台发送警示报告。

　　物联网技术的运用，使学校的设施设备充满未来气息。今天，学生沉浸式地体验和感知，明天学生就会因生活需要而大胆地想象和创造。学校用发展的思维创造性地引领学生提前适应未来，甚至把控未来、超越未来，这是新时代学校教育应该带给新生代学生的触动和启发。

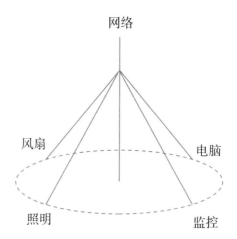

创造性思维：营造物联场景

（三）物联网，发挥环境教育功能

　　心理学家约翰·沃森·华生提出了一种心理学理论——"环境决定论"，该理论认为环境是事物发展的决定性因素甚至是唯一决定性因素。虽然"环境决定论"存在一定的片面性，但其所主张的重视教育环境对儿童发展的作用却是不可忽视的。

我们为学生打造充满未来元素的生活场景，让物联网技术走进校园、走近学生，无非是希望学生在物联网技术环境的熏陶下，提前认识未来、了解未来，对未来世界充满兴趣和好奇，进而激发学生的创造欲望，驱动学生研究、创造一些属于未来世界的作品。例如，学生长期在教室里学习，自然会产生一些个性化的需求。这些个性化的需求，会触发许多富有创意的想法。

我们的教室越来越信息化、智能化、未来化。学生在充满未来感的环境下受到潜移默化的影响，这就是我们想要追求的教育效果。

三、校企合作，创造性实现劳动基地的正常运转

晨兴理荒秽，带月荷锄归。

——陶渊明《归园田居·其三》

为了让校内超大型劳动基地能正常运转，我创造性提出通过校企合作的方式来解决基地的科学管理问题。学校将劳动基地委托给农业示范企业进行经营和管理，企业派出专业人员指导学生参与劳作，实现劳动基地的正常运转。我校"童创先锋"校内劳动教育实践基地为教师实施劳动教育课程提供了坚实的场地保障，为学生提供了丰富的劳动实践内容。

（一）基地庞大问题显——杂草拔不完

校内劳动基地大约有 5000 平方米，我们将其划分为不同区域，分配给各个班级，并由各个班级负责管理。然而，经过近一年的尝试，我们发现，这样的管理存在一个很大的问题，即每个班每周只安排了一节劳动课，学生的管理时间是远远不够的。

种植农作物时，实际上是需要全程参与管理的，这包括浇水、除草、施肥、除虫以及最后的收割等各个环节。每天早上，各个班级都会安排学生轮流到基地浇水。浇水的问题容易解决，但除草的任务却十分棘手。

杂草初生时，若正好有劳动课，老师便可组织学生清除杂草。但有些班级上劳动课时，杂草还没有长出来，需要等到下周上课时才能去拔草。但杂草的生长速度非常快，一周内，足以长得高而茂密。有人建议让学生利用课余时间去拔草。但是，学生的学习时间安排得非常紧凑，每天下午放学时，有些学生要赶着回家，有些学生要打扫卫生，还有些学生要参加课后托管服务，根本没有额外的时间组织全班同学进行拔草任务。

因此，问题就出现了：劳动基地的杂草比种植的作物长得还要快还要茂盛，当第二周上劳动课进行拔草任务时，学生难以在一节课内拔完班级劳动基地的杂草。拔草任务没办法落到实处，班主任对此感到非常头疼。更何况后续还有施肥、除虫的任务等着他们，班级劳动基地的管理压力确实巨大。

如果问题不能得到妥善解决，那么这5000平方米的劳动基地将会成为全校的一个负担。这个问题的有效解决，需要我们再一次发挥创造性的思维。或许改变学生参与劳动实践基地的形式和内容可以成为解决问题的突破口。

（二）改变策略企业助——校企齐管理

打造"童创先锋"校内劳动基地，旨在为学生提供坚实的劳动场地，让学生在亲自参与劳动实践中获得直接经验，认识到"幸福是劳动创造出来的"；同时提高学生手脑并用、手脚协调的劳动能力；促进其养成吃苦耐劳的品质和尊重劳动者、珍惜劳动成果的劳动精神。然而，客观上，学生没有条件实现全程参与班级劳动基地的实践活动。因此，我们需要重新审视并规划学校劳动基地的作用和功能。

既然设立劳动基地旨在为学生创造一个体验劳动过程、感受劳动乐趣、习得劳动技能以及培养热爱劳动情感的平台，那么只要能够达到这样的教学目的就可以了。

鉴于上述分析，我们有必要调整学生在劳动基地参与劳动实践的劳动内容，确保他们在有限的时间内，能够体验劳动过程并获得劳动技能。当学生只参与部分劳动过程，那整个劳动基地的管理就必须有专业人员的参与。因为如果只靠老师、学生和家长的力量，是无法实现对这 5000 平方米劳动基地进行科学管理的。

因此，我们应该创造性地引进一批专业人士参与到劳动基地的管理中。他们不仅负责管理农作物的生长，还要对学生的劳动内容进行规划和设计。在专业人士的指导下，学生完成相应的劳动内容。这样既确保了劳动基地得到科学而完善的管理，又让学生有机会亲身参与到农作物生产的劳动实践中。

于是我开始思考，是否可以引进一家专业的第三方农业公司参与到学校劳动基地的建设和管理中。那该如何引进呢？如果需要学校拿出大笔费用聘请农业公司参与管理，这显然是不现实的，因为经费有限，这样的做法也不可能长久。有没有两全其美的办法，既不用增加学校的经济负担，又能让专业的农业公司参与劳动基地的管理?

　　办法总比困难多。于是,我创造性地想到了一个办法,那就是引进东莞市农业示范基地的专业人士参与到劳动基地的管理中。东莞市农业示范基地既有专业人士能够支持劳动基地的管理,又有专门的资金来支持基地的运作。我可以邀请他们用我们的校内劳动基地来申报市级的劳动示范基地。这样一来,劳动示范基地的承接公司就具备了支持我们校内劳动基地管理的动力和责任。

　　有了这个想法,我们开始努力寻找,终于找到了一家专门经营农场的东莞市劳动示范基地。我们向他们提出了校企合作共赢的想法,希望他们能将我们学校纳入东莞市劳动基地的申报体系,从而得到东莞市劳动示范基地的专项资金支持。同时,希望他们派出专业人士来帮助学校管理劳动基地,并规划学生参与农作物生长管理的课程内容和评价体系。他们需要根据学生参与劳动基地实践的实际情况,为学生制订定期参与浇水、除草、施肥、除虫和收割等课程内容。这样,在有专业人士规划、管理和指导学生参与劳作的运作模式下,将真正实现劳动基地的育人功能。

创造性思维:校企合作共赢

我们很快便与该农业示范企业签订了协议，委托其经营和管理学校的劳动基地。

接下来，学校将积极配合他们对劳动基地进行统筹管理。例如，学校的所有班级每周都必须上劳动课，并在劳动基地进行劳作。当教师组织学生去劳动基地上课时，企业派出的专业人员就会向每个班讲明所需参与的项目和劳作内容，并指导学生如何开展劳作。劳动结束后，教师还需对学生的劳作成果进行评价，并将结果反馈给学生。这样，学生在参与劳动时，不仅能明确自己应该完成的任务，还能掌握正确的劳作方法，并且了解劳作应达到的标准程度。

（三）科学管理出效果——基地显生机

在新的模式下，我们的劳动基地开始能够有序且良好地运作了。每个板块的种植方式和进度都有专业人员跟进。学生的劳动课不仅实现了全员参与，劳动实践的内容也不再局限于拔草这一项。劳动实践内容的丰富，为学校劳动教育的深入开展奠定了坚实基础。每天早上，各个班依然会安排学生到班级基地进行浇水劳作。而有了专人的管理和指导，劳动基地因管理不善导致杂草丛生的问题也得以解决。如今班级劳动基地的种植工作规范有序，农作物生长态势良好，一派生机盎然。

学生每节劳动课的劳动内容都已提前做好规划和分配。由课前课程内容的规划，到课中课程内容的落实，再到课后课程成果的评价，一个完整的劳动教育课程框架在不断的探索与实践中臻于完善。

校企合作，这样一个既解决了劳动基地管理的问题，又能让学生有效参与劳动的解决方案，得到了很多兄弟学校的赞许。每年我们都会申请认证东莞市劳动教育示范基地并得到专项支持，实现了基地的良性发展，基地呈现出一片生机勃勃的景象。

　　"纸上得来终觉浅，绝知此事要躬行。"劳动教育是一门实践类的课程。学生在校内劳动基地里能够体验劳作的过程，感受躬耕的乐趣，习得劳动的技能，并培养热爱劳动的情感，养成勤于劳动的习惯，这是茶山二小开展劳动教育课程的朴实追求。

四、绿植上墙，创造性打造环境宜人的生态空间

春色满园关不住。

——叶绍翁《游园不值》

为了解决卫生间通风不畅、美观度欠佳和保洁困难等问题，我创造性提出在卫生间墙壁上种植绿植。此外，学校还在绿植下方搭建玻璃缸并养殖小动物，为学生提供了一个移动的科学课堂。学校还在学生中间推广绿植上墙设计，让学生来美化校园环境。这种创造性改造不仅改善了环境，还激活了学生的创造性思维，体现了学校"童创教育"的理念。

（一）让卫生间也有文化

全校共有近 2000 名师生，因此卫生间数量众多。然而这些卫生间普遍存在一个共同的问题，那就是通风差、气味比较重。毫不夸张地说，卫生间是学校管理工作的重要组成部分，其卫生状况直接反映了学校的整体卫生与管理水平。如何改变卫生间的现状，使其给人留下干净、卫生的良好印象？如何让卫生间充满文化气息？这是需要我们创造性解决的一个问题。

经过思考，我认为卫生间需要达到三个标准。首先，卫生间必须实现通风。如果卫生间的空气不能实现流通，无论保洁工作做得

如何到位，难闻的气味都难以消散。其次，卫生间需要美观。虽然大家待在卫生间的时间不会很长，但去的频率并不低。学校经常要接待前来参观交流的领导同行，美观的卫生间会让人感觉舒适，也能体现学校的管理水平和品质。最后，卫生间需要科学保洁。如果时刻都有人在保洁，那么卫生间的卫生环境确实会得到保证，但如此做法势必会导致管理成本过高，且学校保洁工作人员的工作量很大，根本无法实现专人随时保洁。

那么，如何设计和管理，才能使学校卫生间达到通风、美观以及科学保洁三大标准呢？我决定在卫生间的墙壁上动脑筋。

（二）绿植上墙，创意文化

卫生间的前后两面墙壁成为我发挥创造性思维解决问题的突破口。这两面墙壁，一面靠近门口，一面靠近窗户。我建议在靠门的这面墙上做一些镂空的设计，使其实现通风的效果。这样由不锈钢结构搭建的墙壁，因为采用了镂空设计，自然能实现前后对流，使空气流通更加顺畅。之所以把镂空的设计放在进门的这一面墙壁，自然也是考虑到保护如厕人的隐私。

镂空设计可以实现卫生间常态化通风的效果，但如厕的隐蔽性该如何保证呢？后来，我创造性地提出在镂空的位置种植植物。一盆盆的植物交错在一起，既增加了隐蔽性，还不会影响空气对流。此外，绿植上墙的设计，也会使整面墙壁看起来更加美观。

这个想法得到了大家的支持。大家都认为这种改造方式既能实现通风，又兼顾了美观，还能通过绿植净化空气，可谓一举三得。现在我们学校所有卫生间靠门的这面墙壁都已经改造成用绿植搭建的镂空式墙壁。因为镂空设计本身就便于通风能够及时消散气味，再加上绿植有净化空气的效果，所以绿植上墙之后卫生间的难闻气味明显消散许多，整个改造非常成功。

创造性思维：绿植上墙的创意

后来，我又萌生一个颇具创意的改造构想。我们可以在绿植的最下方搭建一个玻璃缸，用于养鱼或者其他小动物。学生一边在洗手池洗手，一边观赏玻璃缸里养殖的小动物，这真是别有一番趣味的体验。卫生间外的这片生态空间，成为校园里又一个体现"童创教育"办学理念的校园文化创意空间。

通过发挥创造性思维，我们成功解决了卫生间的难题，并打造了一个别样的校园空间。通过创造性地改变一堵墙，实现整个卫生间功能的改善。卫生间，这个原本并不为人所喜的地方，经过创造性地改造，焕发出新的生机，带给人舒适与愉悦的感受。学校的每一次改造，对学生而言，都是一次生动而直观的创造力教育。学校从实践层面出发，向学生传递学校倡导"创造性解决问题"的文化内核。可以说，学校的实践赋予了"环境育人""文化育人"更深刻的意义和内涵。

（三）处处育人，彰显文化

不得不说，绿植上墙真是一个充满创造性的设计。这样的设计，体现了学校"童创教育"的理念。美化校园环境，其实也是丰富校园文化。

随着绿植上墙理念的深入人心，如今在学校各个角落都能见到这一创意设计的身影。在教师办公室里，我们也能看到一排排的柜子上摆满了绿色植物。现在我正在努力让科学老师组织学生在学校各种墙壁上种植绿植，并且将绿植的种植与小动物的养殖相结合，让校园到处呈现出生机勃勃的景象。

学校创造性地把环境的改造与自然因素相融合，全校师生都能感受到这种创造性改造带来的舒适感。善于改善环境，善于改变生活，这些富有创造力的思想在不知不觉中会给学生带来深远的影响。学生能从学校的各个角度充分感受创新创造的文化和魅力。这种无形的熏陶在培养学生学会创造性解决问题、锻炼其创造性思维的能力方面，发挥着"润物细无声"的作用。

绿植上墙，不仅美化了空间，改善了功能，更在无形中激活了学生的创造性思维，实在是一举多得的好事情。许多前来参观的同仁，对学校创造性改变环境的做法给予了高度评价，特别是对学校巧妙地将校园文化融入空间设计的做法，更是赞不绝口。学校每一处精心改造的校园环境，都充盈着文化的气息，每一处都承载着育人的深意。这就是茶山二小"童创教育"无穷魅力所在。

五、人员巧用，创造性实现生活老师的多重助力

和羹之美，在于合异。

——陈寿《三国志·夏侯玄传》

为有效减轻班主任的工作压力，我创造性地提出聘请全职生活老师来担任副班主任。生活老师采用 8 小时工作制，除了中午两三个小时的工作，其他时间可以担任班主任的专职助手。学校通过计算，发现一个班大约能收到 40 人的午休费用，这些费用足以支撑副班主任的报酬。这种创造性的安排得到了全体老师的赞同，还逐渐影响到周边其他学校。

（一）有关副班主任人选的巧思

"一个萝卜一个坑"，教师的工作量几乎处于一种饱和的状态。因此，在学校管理过程中经常遇到这样的难题：由于人员配备不足，许多工作的落实不尽如人意。如何创造性地利用学校现有条件，打破人员使用局限，这是校长应该深思的问题。

一名小学老师，如果同时承担班主任工作，这意味着除了正常的教学工作，他还需要处理许多繁杂事务，比如管理学生纪律、督促学生学习、与家长沟通以及履行上级部门布置的各种管理职责。作为校长，我深刻体会到班主任在处理这些繁杂事务时所面临的巨

大压力。繁杂的事务无疑会分散班主任的精力，使他们在个性化培养学生、关注学生差异化需求以及引导学生全面发展等方面的工作受到一定程度的制约。因此，我们需要创造性地思考减轻班主任工作负担的方法。

为了减轻班主任的工作负担，很多学校会采取配备副班主任的做法，其中副班主任通常由其他学科的老师兼任。但在实际管理过程中，我们发现，这种做法的效果并不理想。每位教师本身已承担了大量的教学任务，再要他们分出精力去协助班主任工作，往往会显得力不从心，工作开展起来容易陷入被动。甚至有些老师在担任副班主任的班级里课时数较少，与学生相处时间短，导致他们在协助班主任进行学生管理工作时面临诸多困难，管理效果不尽如人意。因此，由其他老师兼任的副班主任往往只能在自己没课的情况下，发挥简单的"补位"作用。至于学生的培养和管理、与家长的沟通以及完成上级的任务等工作，最终还是需要班主任亲自承担。

那么，究竟由谁来担任副班主任，才能真正发挥协助班主任、减轻其工作负担的作用呢？基于这一思路，我创造性地提出了关于副班主任人员设置的独特构想。

（二）有关生活老师的巧设

考虑到中午有学生在校午休，因此我们可以聘请生活老师专门负责学生的午休照看管理工作。很多学校的生活老师只负责带学生去午餐午休，等学生午休起床后就把学生交给班主任，他们的工作时间大概只有 3 个小时。我认为这样聘请的生活老师似乎有点浪费资源。

学生在校午休需要交午休费用，学校能否利用这笔费用为每个班级聘请一位全职生活老师？这是我提出的一个创造性解决问题的思路。全职生活老师采用 8 小时工作制，除了中午两三个小时的工作，其他时间生活老师可以担任班主任的专职助手，从而真正减轻班主任的工作负担。这个想法得到了行政团队的支持。

经过计算，一个班大约能收到 40 人的午休费用，这些费用足以支撑每班聘请一位全职生活老师。在现有条件下，学校基本上能为 90% 的班级配备一名能兼任副班主任工作的生活老师。如果出现生活老师数量不足的情况，可以在某些年级安排一些经验丰富的生活老师，由一个人同时担任两个班的生活老师，这样依然能够大大减少班主任的工作量。

创造性思维：正副班主任的创新组合

学校的副班主任队伍主要由生活老师构成，而来应聘生活老师的大多数是学生家长。这些家长通常是家庭主妇，她们的时间相对宽裕，与其在家待着不如到学校来做个生活老师。这样还可以更紧密地关注孩子在校的学习和生活情况。目前，学校已经招聘了几十名全职生活老师。

除了中午 3 个小时的午餐午休管理工作，在剩下的 5 个小时里，生活老师便可以参与到学校的班级管理事务中，为班主任分担一些力所能及的班务工作，例如收发回执、联系家长、维护教室卫生、组织学生放学等。在这样的安排下，班主任便可以腾出更多的时间和精力进行班级文化的建设，打造良好的班风、学风，促进学生的健康发展。

（三）有关生活老师的巧用

后来我们发现，除了协助班主任处理一些琐碎的事务性工作，生活老师还有一些工作时间可以由学校来支配。为了进一步减轻学科老师的工作量，我们将课间巡查、安全值日等工作也交给生活老师去完成。

同时，有一些非班务工作的岗位也需要有人在岗，我们也调配了一些生活老师参与其中。这样一来，生活老师不仅在副班主任的岗位上发挥重要作用，还能有多余时间去完成学校其他岗位的工作，这在很大程度上减轻了全体教师的工作负担，让全体教师有更多的时间和精力投入自己的教育教学工作中。配置全职生活老师，不仅减轻了班主任的工作压力，也减轻了其他老师的工作量。

　　在聘用生活老师之前，学校的所有值日工作都需要老师们上岗，学生安全巡查工作需要老师承担，上学放学校门口的交通维序工作也需要老师负责。现在，很多简单的工作完全可以由生活老师承担，大大减轻了全校老师的非教学工作量。这样一个创造性的岗位设置不仅解决了副班主任人员的安排问题，还同时解决了学校日常事务性工作因人手不足导致安排困难的问题。

　　由于生活老师的工资来源于学生的午休费用，她们属于学校额外聘用的人员，因此并不占用正式教师的编制名额。生活老师的加入，为学校的日常工作提供了重要支撑。这种创造性安排得到了全体老师的赞同并开始辐射到周边其他学校。

六、对口阅签，创造性减轻文山会海的无情困扰

爱必兼爱，成不独成。

——张载《正蒙·诚明》

∵∴

为了解决学校面临的文山会海问题，我创造性提出了一种"对口阅签"的管理方法，通过将上级下发的文件进行对口划分，使不相关的教师不受影响。阅签表作为工作记录和留痕工具，可以反馈每项工作的参与人员和完成情况。这种管理方法既完成了上级部门布置的工作任务，又为教师们减负，避免了大量会议和应对性工作。这一创造性的应对文山会海的举措，取得了良好的实践效果。

（一）文山会海无情

学校每天都会收到来自上级部门的大量工作文件，每一份文件都需要学校统筹相关部门按文件要求认真执行落实。过去，每当上级下发文件，我们通常会采用召开会议的方式向相关部门讲解工作部署，落实文件要求，甚至会面向全体教师频繁开会。工作的落实离不开对文件的解读，但解读文件所需要花费的时间很长，这样冗长的会议往往会让人倍感压力且厌烦，甚至产生抵触情绪，打击教师们工作的积极性。

上级部门下发的文件越来越多，对工作的要求也越来越高，这

对于学校而言，是一个巨大的挑战。我们既要确保教学工作的顺利开展，又要完成上级部门布置的工作任务，两者往往需要同步进行。我们也考虑过直接把文件发送给教师，但是他们并不会认真解读文件，也不会仔细思考如何落实工作。

频繁的会议会导致教师们无所适从，会议的召开无形中也会增加教师们的工作量和工作压力，从而分散他们的教育教学精力。那么，有没有什么办法既能落实上级部门布置的工作任务，又能避免过多的动员会议呢？

（二）学校管理有爱

根据从事学校管理十多年的经验，我认为需要建立一些工作机制来处理和完成上级部门布置的工作任务。采用对口阅签方式代替召开冗长且低效的会议是个很好的方法。

学校收到的工作文件，涉及的上级部门多、范围广，不同文件所需的落实主体也不尽相同。为了解决这个问题，我们需要规范文件对口阅签的流程。

首先，我们需要对文件进行对口划分。办公室根据学校各部门和教师的工作职责，划分出不同的工作团队或群体。上级部门下发的文件，若不需要全体教师都参与，我们会有针对性地找到对口的教师团队来完成这些工作，这样就可以避免浪费其他不相关教师的时间和精力。

为了更好地完成这些工作，需要有目的地成立一些对口部门和教师团队。例如，我们可以设立攻坚小组来承担艰巨的任务和挑战，这些任务通常是其他教师难以完成的。通过发挥攻坚小组的力量，我们可以更有效地完成这些任务。至于其他教师，他们只需要集中精力完成正常的教学任务即可。当攻坚任务需要提交某些成果素材时，我们会点对点地和相关教师进行对接，避免打扰其他教师。

又例如，我们可以设立课后服务小组团队。只要是与课后服务工作相关的文件，都可以直接发给课后服务小组团队，实现对口阅签。在对口团队能按要求完成相关任务的情况下，就可以确保非相关教师的教学工作不受影响。

从管理者的角度来看，我们需要将上级部门布置的工作任务进行思考内化，然后再根据学校的实际情况，对需要完成的工作给予思想指导和方法指导，为对口团队提出可行的建议甚至落实的方法，促成工作更有效地落实。

由此，我进一步提出，采用阅签的方式为落实工作作指引。所谓阅签，顾名思义是指阅读并签名。具体来说，"阅"指阅读文件原文以及学校领导对工作的指引；"签"则意味着每个对口的小团队或相关教师都已明确工作内容、工作要求和工作完成的时间节点等。阅签表既包含领导的签名，也有具体负责教师或团队的签名。最后由办公室进行汇总，确保所有工作都已对口分配。同时，在阅签表上还能体现工作落实的具体情况，当工作任务落实完成后，也需要及时登记。这样，整个阅签的流程会呈现为一个闭环型状态。

创造性思维：对口阅签

最后，阅签表会返回到校长的手上，方便校长了解每一项工作的落实情况。阅签表，不仅仅是一种工作记录和留痕的载体，它的意义还在于能够反馈每项工作的参与者和完成情况。谁参与、谁指导、谁跟进、谁评估，这些信息都会清晰地记录在阅签表上。

（三）实现互不干扰

采用对口阅签工作方式以来，虽然每天依旧要接收大量的文件和工作任务，但学校始终能有条不紊地开展各项工作。我们的阅签表设计得十分全面，在实际的学校组织管理中发挥了重要作用，上级下发的每一项工作都能通过对口阅签的方式及时落地、落实。有了学校成立的对口部门和对口团队，就会有专人去完成相关工作。其他不相关的教师就能静下心来，扎实推进教学工作。

成立对口团队，可以有针对性地布置上级部门下发的工作任务；采用阅签方式，可以减少会议频率、明确分工、责任到人。两者结合起来，就可以形成一种相对安定有序的工作状态，为教师们减负，避免他们在大量会议和应对性工作中浪费时间和精力。这是一个应对文山会海的创造性举措，实践起来效果非常好，做到了既完成上级部门下发的各项工作任务，又能让不相关的教师安心地做好本职教学工作。通过"对口阅签"的方式实现这种"各自安好"的状态，是我们再一次发挥创造性思维解决问题的实例。

后　记

　　书稿封笔之际，我心中激荡着感激与自豪的波澜。三年光阴，于学校而言，既是沧桑岁月的见证，又似白驹过隙的瞬息。它悠长，足以让每一砖每一瓦诉说变迁；它短暂，仿佛昨日我才肩负起校长的使命。《校长的创造力——记一所乡村老校的创意蜕变》不仅镌刻了茶山二小蜕变的轨迹，更是我思考与探索的结晶。

　　在此，我衷心感激每一位同行者，是你们的支持与陪伴让这段旅程充满了温暖与力量。另外，还要特别感谢学校攻坚小组陈敏赡老师、姚佩玲老师、刘洁仪老师为我专著成书所付出的努力。

　　遥想 2020 年盛夏，我初踏茶山二小的门槛，眼前是一所古朴的乡村老校，设施斑驳，业绩平淡。然而，在这平凡之中，我窥见了非凡的潜能与希望。身为校长，我深知责任重大。心怀对教育的敬畏和对孩子未来的憧憬，我毅然踏上了探索与创新之路。

　　在茶山二小的发展征途上，我尝试以创造力为剑，披荆斩棘，解决了一个又一个难题。校门前的交通拥堵、师生的就餐问题、学生的午休需求、校园文化的塑造……每一个挑战都考验着我们的智慧与毅力。然而，正是这些挑战，铸就了团队的凝聚力，让我们更加紧密地团结在一起。这些成就，非我一人之功，而是属于整个团队，属于每一位为茶山二小倾注心血的人。

如今，茶山二小已焕然一新，从昔日的乡村老校蜕变为现代化的学校。学校获得了国家级、省级、市级等众多荣誉，办学影响力与日俱增，吸引了无数教育同行的目光。然而，我深知，这只是万里长征的第一步。展望未来，我期待茶山二小能继续秉承"童创教育"理念，培养出更多富有创新精神和实践能力的学生；我期待我们的教师团队能够持续壮大，成为教育改革的领军者。

"创造即突破，创造力即竞争力"是此书所传递的核心理念。我真诚地希望茶山二小的故事能够激发更多教育工作者的热情与智慧。让我们以未来的视角审视当下的教育，共同推动教育事业的发展；让我们携手同行，成为有创造力的执行者，书写教育的辉煌新篇章！

最后，我借用古人之诗，以表心迹："路漫漫其修远兮，吾将上下而求索。"本书虽已付梓，但难免有不足与疏漏之处。因此，我诚挚地邀请各位专家同仁不吝赐教，愿得你们宝贵的斧正，以臻完善。

2024 年 5 月 20 日

于茶山二小